アルムナイ

雇用を超えた
つながりが生み出す
新たな価値

株式会社ハッカズーク
鈴木仁志　濱田麻里

日本能率協会マネジメントセンター

はじめに

退職による損失がない社会を目指して

　本書が目指すのは、多くの日本人の固定観念を覆す「アルムナイ・リレーションシップ」——企業の退職者である「アルムナイ」と「退職で終わらない企業と個人の新しい関係」を実現することで、退職による損失がない社会の実現に向けた一歩を、皆さんと一緒に踏み出すことです。「アルムナイ」はどんな人材で、「アルムナイ・リレーションシップ」とはどんな関係なのか、「退職による損失」とはどんな損失なのか、順を追ってご説明していきます。

　本書を手にとってくださったあなたは、「退職」や「退職者」という言葉にどのような印象をお持ちでしょうか。以前、5年ほど前であれば、「退職者＝裏切り者」という印象が強かったかもしれません。しかし、最近では退職者を「アルムナイ」と呼び、自社のファンや人的資本として捉える考え方が急速に広がってきています。

　アルムナイと良い関係性を構築し、自社のファンでいてもらうことができれば、その後、協業することもできますし、再入社の可能性もあります。せっかく築き上げた関係を、その人材の退職によって終わらせてしまうのは、実はあなたの会社と退職者本人、双方にとって大きな損失です。退職しても関係を維持する「アルムナイ・リレーションシップ」を構築することで、そうした退職による損失をなくすことができるため、多くの企業が取り組みを始めています。

　筆者の1人である鈴木仁志が経営し、もう1名の筆者の濱田が勤める株式会社ハッカズークは、2017年の設立以来、アルムナイを貴重な人的資本と捉える企業に対して、自社のアルムナイとリレーションシップを構築するための支援を行っています。

そんな私たちがメディアなどでアルムナイについて発信すると、共感の声のみならず、批判の声も聞こえてきます。SNSなどでよく見られる批判的な声は主に3つあります。1つめが「ただの退職者再雇用のことを新しいことのように言うな」というもので、2つめが「嫌で辞めた会社とつながったり、戻ったりしたい人なんているわけがない」というものです。この2点については、本書で「アルムナイ＝再雇用」ではないことや、企業だけではなく個人の側もつながりを求めているということを、様々な事例を通じてお伝えしていきます。

　そしてもうひとつの批判の声は、「単に"退職者"のことなのに、わざわざ"アルムナイ"という横文字を使うな」というものです。そういった批判的な声も出るだろうと思いながら、私たちは2017年から「アルムナイ」という言葉を使い続けています。なぜなら、言葉は非常に強い力を持っており、発信者がどういう言葉を使うかによって、受け手側の印象を大きく左右するからです。

　一度、ネガティブなイメージがついてしまった言葉を完全に変えることは難しいものです。自分が退職した時に裏切り者扱いをされたことで、「退職」にネガティブな印象がある人がいるかもしれません。逆に、後ろ足で砂をかけるように辞めた退職者がいたことで、「退職者」という言葉にネガティブな印象がある人もいるでしょう。そういう人の中には、退職や退職者という言葉だけで拒否反応が出てしまい、「企業と個人の新しい関係」の可能性に目を向けてくれない人もいます。

　そのため私たちは「退職者」ではなく「アルムナイ」という言葉を使い、辞めた会社と良い関係を築ける退職者もいること、また、退職者と良い関係が築ける企業もあること、そして良い関係を築くには方法があるということを、より多くの方に気づいてもらいたいと考えています。

　本書のテーマである「アルムナイ」という言葉が、多くの「別れ」のネガティブなイメージをポジティブなものに変え、日本社会全体で「別れを資産に変える」きっかけになることを私たち自身、楽しみにしています。

閉塞感を打破する可能性を秘めるアルムナイ

　日本で「退職」や「退職者」がネガティブな印象を持つようになったことには、終身雇用など日本特有の雇用慣行を背景に多くの企業が「村社会」的になってしまったことが影響しています。転職や独立のために退職をすることはタブー視され、退職者は村八分にされてしまい、退職によって縁が切れてしまう。このような悪しき慣習は、今の日本社会を覆う閉塞感ともつながっていると私は考えています。

　少子高齢化が進み、年金や社会保障制度の持続性は疑われています。人口減少は歯止めがかからず、どの業界でも人材不足が叫ばれ続けています。そして、グローバル社会で存在感が下がり続ける日本では、GAFAMのような破壊的なイノベーション企業が長い間生まれていないといわれています。経済成長という点では、2023年、内閣府発表のドル建て名目GDPによれば日本はドイツに抜かれ世界３位から４位へと後退しました。これには為替相場や物価上昇率の影響も大きく、また経済成長だけが正ではありませんが、人口が日本の約３分の２のドイツに抜かれたということはインパクトが大きい事実です。こうした様々な事実に対し、日本人の多くが日本の現状に閉塞感や、先行きへの不安を感じているのではないでしょうか。

　経済活動の中心となる"人"に目を向けてみると、日本の人口は2004年の１億2,784万人をピークに減少を続け、2048年に9,913万人と１億人を割り込むと見られています（国立社会保障・人口問題研究所、内閣府）。2024年には49.9歳になったとされる平均年齢は、2000年からの20年強で約７歳も上昇して急速に高齢化が進み、2023年のドル建て名目GDPで日本に次ぐ世界５位のインドの平均年齢は29.8歳と、日本を20歳も下回ります（CIA）。若い力で追い上げられそうなこの数字だけをみても、私は危機感を抱きます。

　では、どうすればこのような閉塞感や状況を打破できるのでしょうか。それには、これまで、当たり前だと思われてきたことや、社会構造上、

変えてこられなかったことをアンラーン（学習棄却）し、アップデートをし続けることです。

もちろん日本がこうした危機的な状況に対し、何も手を打っていないわけではありません。政府は少子高齢化対策や働き方改革などを通じて労働力の強化や労働生産性の向上を促進しようとしています。コロナ禍では数々の働き方の大きな変化が起き、「変わらない」と長年いわれてきた日本企業が、近年、急速に変化していることも感じています。

しかし、そんな働き方に関する変化の中でも、長い間変わってこなかったのが、「退職者＝裏切り者」といった固定観念であり、そこから生まれた退職者を排他的に扱う空気です。様々なアンラーンが必要な今、企業にとって有力なパートナーになり得るアルムナイに対して企業が批判的な態度をとり、退職によってそのパートナーとの関係を絶ってしまうという損失を放置するのは、組織として思考停止をしている状態といえます。閉塞感が強く、見えない未来に不安を感じている人が多い今の時代において、退職者との関係性を築く「アルムナイ・リレーションシップ」こそが「見えない未来を見る力」だと、私は信じています。

その一助となるよう、本書は以下を記しました。第1章は「アルムナイが注目されている理由」として、アルムナイとの関係構築をお勧めする理由を、様々な角度から紹介しています。第2章は、アルムナイとの良い関係を長く築くうえで持っておきたい考え方についてです。第3章は、具体的にアルムナイ・リレーションシップを築いていくには何を考え、準備すればよいのか、第4章ではせっかく築いた場、取り組みを持続していくために知っておくべきこと、やるべきことを解説しています。

第5章と第6章は、具体的に、企業の先進事例（トヨタ自動車・住友商事）と、実際に企業と良い関係を築いているアルムナイの方々のインタビューを通じて、関係や、つながる場の運営の実際や工夫、関係性から得られている双方にとっての価値などを紹介しています。

最後の第7章では、アルムナイとの関係性が広がりを見せていることと、私たちが理想とする企業と個人の関係について述べました。

　変革に取り組まなければ「やっぱり日本の企業は変わらない」と言う人がいる。変革に取り組めば「今さら日本企業にできるわけがない」と言う人がいる。変革を邪魔するそうした声は無視して、日本社会にある固定観念を覆して、より良い社会をつくっていきましょう。

2024年8月

株式会社ハッカズーク

代表取締役CEO／アルムナイ研究所研究員

鈴木仁志

アルムナイ・リレーションシップ・パートナー　ユニットリーダー

濱田麻里

目　次

はじめに 003

第1章　アルムナイが注目されている理由

アルムナイとは？ 016
「アルムナイ」──言葉の定義 016
リレーションシップ、ネットワーク、コミュニティ？ 018
アルムナイの始まり 019
海外でのコーポレート・アルムナイの始まり 020

日本におけるアルムナイへの注目の高まり 022
2021年頃から急速に高まった注目 022
経団連や経産省も注目 024

日本的雇用慣行と「企業と個人の関係」の転換点 024
終身雇用という相互期待 024
日本の「投資回収期間」は長い？ 025
コラム　日本人のキャリア観 026

働き方や「企業と個人の関係」の変化とアルムナイ 028
「人生100年」とコロナ禍が大きく変えた退職理由 028
ストーリー　同じビジョンを違うかたちで目指す 030
低くなる大企業とスタートアップの垣根 032
「就社」を前提としない社内キャリアカウンセリング 033

高まる人的資本経営への注目とアルムナイ 034
無形資産としてのアルムナイ 034
人的資本のストック化 034

アルムナイの人材価値 037
アルムナイならではの知識や能力 037

ストーリー　企業特殊的能力を持つ外部人材 ………………………… 039
イノベーション創出のパートナー ………………………………………… 040
多様な「新しい」関係 ……………………………………………………… 042

第2章　アルムナイと良い関係を継続できる条件

①長期的な人事・組織戦略や理念との一致 …………………………… 050
終身雇用は恐怖政治？ ……………………………………………………… 050
終身"雇用"関係から終身"信頼"関係に ……………………………… 051
変わる「ゆりかごから墓場まで」………………………………………… 053
ストーリー　評価制度によって異なる退職時の上司の反応 ………… 055

②企業と個人双方にとってメリットがあるか …………………………… 057
「アルムナイ＝再雇用」は偏った認識 …………………………………… 057
ストーリー　前職からの連絡に「悲しい」と感じたアルムナイ …… 059
全ての人にとって、居る理由がある場にする ………………………… 060
ストーリー　オフィシャルとアン・オフィシャルの共存 …………… 062

③懐かしさと新鮮さ ………………………………………………………… 064
変わったところと変わっていないところ ……………………………… 064
みんなが認識する"儀式"がある組織 …………………………………… 065
ストーリー　独自の乾杯の発声で一気に縮まった距離 ……………… 065

④辞め方改革とオフボーディング ……………………………………… 066
日本人は「やめる」ことが苦手？ ……………………………………… 066
「辞め方改革」は入社前から始まっている ……………………………… 067
ピーク・エンドの法則 …………………………………………………… 069
ストーリー　ファンでなくなるオフボーディング …………………… 071

第3章　関係構築のステップとポイント

アルムナイとの関係構築ステップの全体像 ………………………… 076

目指す関係によってカスタマイズ ………………………………………………… 076

目指す姿（TO-BE）の定義：①理念を言語化する ……………………… 077

浸透しているようでしていない「企業と社員の関係」 ………………… 077
拡張組織における「企業と個人の関係」 ………………………………… 078
「企業と社員の関係」のアップデート …………………………………… 079
「企業とアルムナイの関係」との矛盾はないか ………………………… 081

目指す姿（TO-BE）の定義：②共創のかたちを選ぶ ……………………… 083

綺麗事から始める ………………………………………………………… 083
「共創のかたち」を考える ………………………………………………… 083
　①社外のビジネス共創パートナー …………………………………… 084
ストーリー　社外にいるアルムナイを使い倒してほしい ……… 086
　②社外の組織共創パートナー ………………………………………… 088
ストーリー　〇〇社と比べて……という会話ができるアルムナイ …… 090
　③企業やサービスのファン …………………………………………… 090
ストーリー　大変な時に応援してくれるアルムナイ …………… 092
　④社内に戻ってきてくれる関係 ……………………………………… 093
ストーリー　「それなら自分がやりたい」 ……………………… 093

アルムナイジャーニーの作成：①5つのフェーズを知る ……………… 094

アルムナイジャーニー5つのフェーズ ………………………………… 094
数値成果を追い求めすぎると、理念から離れてしまう ……………… 098

アルムナイジャーニーの作成：②目指す姿と現状のGAPを把握する …… 099

ステークホルダーを分類し、ニーズや印象を把握する ……………… 099
ステークホルダー別の現状（AS-IS）の確認 ………………………… 100
アルムナイへのアンケート・インタビュー項目 ……………………… 102
社員に対するアンケート・インタビュー項目 ………………………… 103
「共創のかたち」ごとに異なるWILLとCAN ………………………… 104
アンケート・インタビューのコツ …………………………………… 106

アルムナイジャーニーの作成：③ジャーニーマップをつくる ………… 109

集めた情報を参考にマップを埋める …………………………………… 109

GAPを埋める計画と運用：①つながりのかたちを考える ………… 115

重層的なつながりが理想 ………………………………………………… 115

GAPを埋める計画と運用：②つながるためのツールを選定する … 118
SNSと専用システムの違い … 118
専用システムには管理者の機能も … 120

GAPを埋める計画と運用：③運営方針・プロジェクト体制を検討する … 122
適切なタイミングで他部門を巻き込む … 122
ジェネレーターになることが多い部門とその理由 … 123
ユーザーになることが多い部門とその理由 … 124

GAPを埋める計画と運用：④スケジュールを作成する … 127
やれたらやろうでは進まない … 127

GAPを埋める計画と運用：⑤予算の考え方 … 128
2つの視点の組み合わせで考える … 128

GAPを埋める計画と運用：⑥施策を実施する … 130
「1．つながる」ための施策 … 130
「2．知る」ための施策 … 132
「3．深める」「4．創る」ための施策 … 134

よく聞かれる懸念・注意すべきこと … 136
Ｑ 退職者が増えてしまいませんか … 136
Ｑ 再入社した人が活躍できるか心配です … 138
Ｑ 情報漏洩が起きないか心配です … 138

第4章　つながりを持続させるためのポイント

多様な参加者が共存する場を持続させるには … 142
①4th Placeとしての場づくり … 142
②創造者だけを創造者としない … 144
ストーリー　創造者から見た観察者 … 146
③顔が見える場所にすることで心理的安全性を高める … 147
④全員にGiverになることを求めない … 147
⑤社会関係資本の強化を支援する … 149
⑥人も企業も変わることを前提に、今と未来を見る … 150

ストーリー　様々な経験で180度変化した企業に対する気持ちや感情 ── 152
⑦必ずしも場を"盛り上げる"必要はない ──────────────── 155
⑧ガイドラインは「べからず」よりも「べし」を伝える ──────── 158
⑨コネクターの役割を果たす ───────────────────── 161
⑩アルムナイからサポーターを募集する ─────────────── 162
⑪FOMO（取り残される恐れ）を利用する ────────────── 163
⑫忘れられない頻度でイベントを開催する ────────────── 164
⑬喜ばれるものを提供する（パークス&ベネフィット） ──────── 167

再入社したい気持ちは持続的な取り組みから ─────────── 168
「○○社で」ではなく「○○社と」働く ────────────── 168
多様な参加者が共存できる場にすることがアルムナイ採用を生む ── 169

第5章　事例：企業から見た 企業と個人の新しい関係

事例1 **トヨタ自動車**　アルムナイは「トヨタで働く"希望"」
**アルムナイとのつながりで牽引する「モビリティカンパニー
への変革」** ──────────────────────────── 174
アルムナイ・ネットワーク導入の背景と、導入による変化 ───── 174
出始めているアルムナイとの事業連携の芽 ───────────── 178
アルムナイからのフィードバックを組織風土改善に活かす ───── 179
変わるオフボーディングのあり方 ──────────────── 180
アルムナイからの反応──カギは「就業体験」 ─────────── 182
変わる社内でのアルムナイ・ネットワークへの捉え方 ─────── 183
今後の展望──アルムナイ・ネットワークは「10年後の種まき」── 184
アルムナイからの声 トヨタ自動車アルムナイSさん ─────── 185
筆者解説 ─────────────────────────── 187

事例2 **住友商事**　アルムナイと共に価値を創造する
**人的資本として存在感を増す
アルムナイ・ネットワーク** ──────────────────── 190

アルムナイ・ネットワーク導入の背景	190
アルムナイ・ネットワーク発足そのものがひとつの「成果」	192
アルムナイ・ネットワークの位置付けや存在意義	193
ネットワークの取り組みに対する社内外からの評価のあり方	194
アルムナイという社外人的資本と手を携えて	
「キャリア自律」を実現する	197
アルムナイと社員、垣根のない関係が続く喜び	199
アルムナイからの声 住友商事アルムナイNさん	200
筆者解説	201

第6章 事例：アルムナイから見た企業と個人の新しい関係

アルムナイと企業が創るWin-Winの関係
顧客として退職した企業と取引を行うケース 206

Case 1 **難波 宗廣**さん
サードHRパートナーズ社会保険労務士事務所／
日揮ホールディングス株式会社アルムナイ 206
■日揮グループから見た難波さん 210

Case 2 **大山 健一郎**さん
ハーブ農家／株式会社八芳園アルムナイ 212
■八芳園から見た大山さん 216
筆者解説 217

アルムナイ・ネットワークを通して変わる前職企業の印象
ネットワーク登録後に会社の変化を感じ、再入社したケース 219

Case 3 **市川**さん
三井住友海上火災保険株式会社 219

■三井住友海上から見た市川さん 225
筆者解説 226

アルムナイ・ネットワークで広がるアルムナイのビジネス機会
知見とネットワークを活用しビジネスを創出したケース ―――――― 229

(Case 4) **若狭 僚介**さん
 nat株式会社／株式会社インテージアルムナイ ―――――― 229
 ■ **インテージから見た若狭さん** ―――――― 234
 筆者解説 ―――――― 234

第 **7** 章　つながりの広がりとこれから

アルムナイ・リレーションシップの広がり ―――――― 238
ミドル・シニアの再躍進×アルムナイ ―――――― 238
地域活性×アルムナイ ―――――― 243

これからの企業と個人の関係とは ―――――― 245
人的資本と社会関係資本がより重要に ―――――― 245
新しい定着の定義 ―――――― 247
心理的契約のアップデート ―――――― 249
「辞め方改革」という言葉が必要なくなる日 ―――――― 249

おわりに ―――――― 251

第 **1** 章

アルムナイが
注目されている理由

多くの企業が見落としている貴重な財産があります。それが、企業に大きな価値をもたらす存在であるアルムナイ（退職者）との関係です。「はじめに」でも触れましたが、退職後もアルムナイとの関係を築いて育む「アルムナイ・リレーションシップ」は、単なる元同僚との交流ではありません。退職者と退職後も良い関係が継続できれば、その関係はイノベーションの創出、顧客基盤の拡大、優秀な人材の獲得・育成など、あらゆる面で企業の競争力を強化する、計り知れない価値を持ちます。アルムナイと元企業・元同僚（上司）との経済的な年間取引額を「アルムナイ経済圏」として規模を推計すると、年間 1 兆1,500億円にも上るという調査結果さえあります（パーソル総研、2020年）[1]。

退職者との関係をただ放置することは、企業にとって大きな損失となります。本書を手にとってくださったあなたは、既にアルムナイやアルムナイ・リレーションシップにご興味をお持ちのことでしょう。本書ではアルムナイ・リレーションシップの重要性や、具体的な関係性の構築方法をお伝えしていきます。それは実は、<u>**望ましい「企業と個人の関係」のかたちや理念を考え抜く**</u>、という作業です。

第1章では、アルムナイ・リレーションシップの構築方法や事例に入っていく前段として、「アルムナイ」という言葉の定義や歴史的な背景から現在の日本における状況、そして多くの企業が注目する理由などをお伝えします。

アルムナイとは？

「アルムナイ」──言葉の定義

まずはじめに、本書における「アルムナイ」という言葉を定義しておきましょう。ラテン語を語源とするアルムナイは、大学の卒業生や出身者などを意味する英単語で、欧米などの多くの大学では卒業生との生涯関係、ライフロング・アルムナイ・リレーションシップ（Lifelong alumni relationship）を築くために、アルムナイ・アソシエーション（Alumni association）と呼ばれる同窓会組織があったり、アルムナイ・マガジン（Alumni magazine）と呼ばれるアルムナイ向けの雑誌が発行されていたりします。

　日本では同義としてOB・OGという和製英語の方が一般的に使われてきましたが、これは「Old Boy」「Old Girl」の略語であり不適切だという主張もあります。そのため、近年では日本の大学の校友会や同窓会などでもアルムナイという言葉が使われるようになってきました。

　語源であるラテン語の語形変化のルールに従い、数や性によって単語が変化するため、以下の4つの単語が存在します。

・Alumnus： 数＝単数　性＝男性
・Alumni：　数＝複数　性＝男性　※男性のみ、もしくは男性+女性グループを意味し、女性のみのグループには使わない
・Alumna：　数＝単数　性＝女性
・Alumnae： 数＝複数　性＝女性　※女性のみのグループ

　ただし、近年は性別で言葉を分けることを避けるために包括する単語を使う傾向があることなどからも、本書ではアルムナイ（Alumni）を使用します。発音記号（əlʌ́mnai）によると「アラムナイ」の方が音が近いのですが、ウェブ検索などで見ても日本語では「アラムナイ」より「アルムナイ」の方が10倍ほど多く使われていることから、本書ではアルムナイという表記に統一します。

　そして、本書のテーマは企業の退職者である「企業アルムナイ」です。元々は大学の卒業生や出身者を意味する言葉だったアルムナイが、欧米企業を中心に企業の退職者に対しても使われるようになり、大学等のアルムナイと区別するために「コーポレート・アルムナイ」（Corporate Alumni）と呼ばれることもあります。本書ではシンプルにアルムナイ

と表記し、次節以降では「アルムナイ」＝「企業の退職者」を意味することとします。

リレーションシップ、ネットワーク、コミュニティ？

同じ言葉の定義として、

「アルムナイ・リレーションシップ」

「アルムナイ・ネットワーク」

「アルムナイ・コミュニティ」

の違いについても、ここで少しだけ触れておきます。

まず、「リレーションシップ」は個々の「関係性・つながり」、「ネットワーク」はリレーションシップの集合体、「コミュニティ」は人の集合体です。

そして「アルムナイ・リレーションシップ」とは、これまでも説明してきた通り、今までの日本社会において、退職と同時に切れてしまっていた関係性です。それは企業とアルムナイの公式なつながり、アルムナイと社員のつながり、アルムナイ同士のつながりなどの「1-1」や「1-n」のつながりのことを指します。切れたつながりを再構築したり、新しいつながりを構築したり、緩いつながりを維持したり、時には緩いつながりを強くしたりすることによって、**それぞれの関係性が良質な社会関係資本[2]となることがアルムナイ・リレーションシップ構築の目的**であり、**つながりから得たいものはそれぞれ異なります。**

「アルムナイ・ネットワーク」は「1-1」や「1-n」のつながりが網目状になっている、「n-n」の集合体のことです。

「アルムナイ・コミュニティ」の「コミュニティ」という言葉にはもともと、同じ地域に住む人や、同じ特性を持つ人のグループ、という意味があります。

アルムナイ・ネットワークやアルムナイ・コミュニティは、あくまでアルムナイ・リレーションシップを築くための手段であり、極論、ネッ

トワークやコミュニティがなくてもリレーションシップが成り立ち、お互いが目指す姿が実現されているのであればそれらは不要です。しかし、多くのアルムナイ・リレーションシップにおいて、ネットワークやコミュニティは重要なインフラです。

「アルムナイ・リレーションシップ」の集合体として公式な「オフィシャル・アルムナイ・ネットワーク」があり、様々な「サブ・コミュニティ」がそのオフィシャル・アルムナイ・ネットワークの上にも外にも存在している状態が理想といえます。

しかし、企業の理想とする「共創のかたち」によって、アルムナイ・リレーションシップの具体的な姿は異なってしかるべきものです。詳細は第3章で触れていきます。

「アルムナイ・リレーションシップ」
　　…アルムナイと企業、社員、アルムナイ同士の
　　「1-1」や「1-n」のつながり・関係性
「アルムナイ・ネットワーク」
　　…アルムナイとのつながりの集合体
「アルムナイ・コミュニティ」
　　…アルムナイの集合体、共通項を持つアルムナイのグループ

アルムナイの始まり

前述の通り、大学などのアルムナイは企業におけるアルムナイよりも昔に始まりました。諸説ありますが、現存する大学公式のアルムナイ組織の中で最も古いのはアメリカのウィリアムズ・カレッジのWilliams Society of Alumniだといわれています。ウィリアムズ・カレッジは、1793年に創立されたマサチューセッツ州のリベラルアーツ・カレッジで、創立から28年後の1821年に公式アルムナイ組織が設立されて200年以上

の歴史があります。1636年創立でアメリカ最古の大学であるハーバード大学でも、同じ頃の1840年にHarvard Alumni Associationが設立されました。そして、1891年創立のスタンフォード大学では翌年の1892年にStanford Alumni Associationが設立されていることからも、大学とアルムナイとの関係を維持するためのアルムナイ組織がこの時期に一般的になっていったことがわかります。

　こうした大学のアルムナイ組織では様々な活動が行われており、アルムナイから大学への「Give」もあれば、大学からアルムナイに対する「Give」もあり、双方にとってメリットがある関係が目指されています。

　アルムナイから大学に対する「Give」の詳細は学校によって異なりますが、寄付や、在校生や地域コミュニティを支援するボランティア活動などが一般的です。大学からアルムナイへの「Give」は学校によってさらに大きく異なるものの、特典付きのクレジットカードやローン、大学施設の利用権や物品購入時の割引などの実利的なものから、リカレント教育や転職支援などのキャリア開発支援、そしてアルムナイ同士のつながりを支援するオンラインやオフラインでのコミュニティ等の提供です。大学のコミュニティはこのようなかたちで双方の「Give」があって成り立っているため、長い歴史を経てカルチャーとして根付いています。

海外でのコーポレート・アルムナイの始まり

　企業と退職者がつながる企業アルムナイ（コーポレート・アルムナイ）も、大学アルムナイと同様、企業側にもアルムナイ側にもメリットがあるためにリレーションシップを維持し、ネットワークやコミュニティを形成する動きが進んでいきました。

　欧米を中心とした海外で、コーポレート・アルムナイが普及した経緯を見ると、大きく分けて2つのタイプがあります。1つめは、事業や組織の構造がアルムナイ・リレーションシップの構築に適していた業界での自然発生。もうひとつは、社会構造や産業構造の変化により組織の変

第1章 ● アルムナイが注目されている理由

化が求められる中で、アルムナイ・リレーションシップという退職者との新しい関係に親和性の高いかたちで企業や業界が変化を遂げたタイプです。

　前者の一例として、マッキンゼー・アンド・カンパニー（以下、マッキンゼー）やアクセンチュアのようなコンサルティングファームがあります。サービス領域や規模は異なる一方で、このコンサルティングファーム2社に共通するのは、製造業などと比べると比較的規模の小さいプロジェクト型で完結してサービスを提供できる点です（もちろん中には超大規模プロジェクトもあります）。個人の力がサービスに与える影響が大きいため、今では両社とも新卒採用を行っていますが、もともとは中途採用が中心でした。また、退職後の転職先は競合企業だけでなく、事業会社やスタートアップの起業など幅広く、退職後もビジネス創出や協業、情報交換やブランディングなどができることから、アルムナイとつながる風土が自然と醸成されました。

　他方、自社商品を製造するために大規模投資を必要とする事業会社では、多大な人数が長期的に商品やサービスに携わることが適していたため、多くの従業員を雇用し、欧米においても長期雇用が一般的でした。この中からその後、産業構造の変化により組織の変革が必要となった企業が、アルムナイという「思想」に合うかたちに変化をしていったのがもうひとつのタイプです。

　少し極端な例ではあるものの、一例としてIBMを見てみましょう。IBMは1950年頃から終身雇用を前提とした制度設計がされていて、1980年代まではレイオフをしたことがない会社でした。1964年に発表した「S／360」などは1台数億円するもので、大企業や政府や教育機関向けのメインフレームコンピューターで圧倒的な地位を築いていたIBMですが、1980年頃になるとUNIXをベースとするワークステーションや、マイクロソフトのOSを使うPCが登場するというIT革命が起き、圧倒的な地位を脅かされるようになりました。このIT革命は社会を変える仕事を生

21

み出し、それを担う振興企業などでは能力と成果で人材がより公正に評価されていたことなどからIBMから人材が流出し、1990年前半には赤字決算へ。ついにIBMはレイオフを実施しました。

IBMを例に挙げましたが、このような動きを経て距離が近くなった製造業界とIT業界では雇用の流動性が上がり、人材は市場全体で最適化されるようになりました。また、ソフトウエアの台頭によって製品の開発サイクルが短くなったことやモジュール化が進んだことにより、プロジェクトの短期化や小規模化が進んだことも、雇用の流動化を加速させました。

企業単位ではなく市場全体で人材配置が最適化され、企業の枠を越えて混ざり合うことになった結果として、IT企業はもちろん、製造業の企業などでもアルムナイ・リレーションシップを築き、つながり続けることが必要であるという考えに変わってきたと見ています。

ちなみに、先ほど「アルムナイという『思想』」と述べましたが、これは「終身雇用」の考えとは真逆で、「企業と個人の関係は退職で終わらず、退職後もアルムナイ・リレーションシップを築くことでつながる」という考え方、信念を指しています。

日本におけるアルムナイへの注目の高まり

2021年頃から急速に高まった注目

欧米で始まった大学のアルムナイや、コンサルティング業界やIT業界でのアルムナイの普及について見てきました。企業でいえば、本人の退職後もつながりを保っておけば、ビジネス創出や協業、情報交換やブランディングなどができることが、アルムナイ・リレーションシップが築かれる主なメリットです。

欧米企業の例を挙げたため「アルムナイ・リレーションシップは外資

系企業向きの話なのか」とか「日本の社会や企業の文化には合わないのではないか」と思われている読者もいらっしゃるのではないでしょうか。

しかし、日本企業こそアルムナイ・リレーションシップの構築に取り組むべきですし、実は日本企業の方がアルムナイ・リレーションシップの価値から得られる恩恵が多いと私は考えています。詳しくは追って説明していきますが、まずは日本の現状を見てみましょう。

Googleトレンドで2004年から2024年4月までの20年間に「アルムナイ」というキーワードでGoogle検索された数の推移を見ると、ところどころで一時的な山はあるものの、2015年までの10年強はほぼフラット、2017年から2022年くらいにようやく小さな丘が続くようになり、2022年から2024年にかけて急激に検索ボリュームが増加していることがわかります。「アルムナイ」への注目は2017年頃から徐々に高まり、近年でさらに加速してきたことが見てとれます。

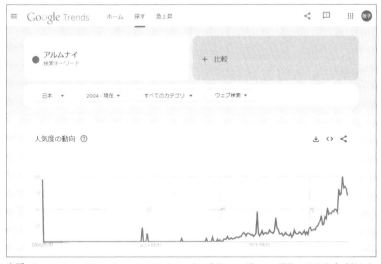

出所：https://trends.google.co.jp/trends/explore?date=all&geo=JP&q=アルムナイ&hl=ja

経団連や経産省も注目

　日本を代表する企業団体のひとつ、一般社団法人日本経済団体連合会（以下、経団連）も、2022年1月に公開した「2022年版 経営労働政策特別委員会報告」で、日本型雇用システムの見直しというテーマにおいて、企業がアルムナイとの関係を築くことの重要性を提言しています。アルムナイに関する記載は、再雇用や社内外でのキャリアの可能性を模索するアルムナイとの交流の場、と限定的ではあるものの、経団連がアルムナイに言及したという事実は日本の雇用環境が大きく変わっていることを示しているのではないでしょうか。

　また、経済産業省（以下、経産省）が2022年5月に公開した人的資本経営の実現に向けた検討会の報告書である「人材版伊藤レポート2.0」でも、アルムナイとの中長期的に持続可能な関係構築や、アルムナイ・ネットワークの活用が重要な取り組みとして挙げられています[3]。

日本的雇用慣行と「企業と個人の関係」の転換点

終身雇用という相互期待

　経団連や経産省が揃ってアルムナイとの関係構築に言及したことは、「年功序列」や「終身雇用」などの日本の雇用慣行が本格的に変わりつつあることを示していると考えています。高度成長期において、このような雇用慣行とそれに基づいてつくられた制度の下では、経済的視点とキャリア形成視点のいずれにおいても1社で長く勤続する方が個人にとってメリットが多く、インセンティブとして働きました。そして企業は社員を「囲い込む」ことで、安定的な人員確保をすることが一般的になりました。これは、この時代の社会構造的にも産業構造的にも適している戦略でした。

　ただし、雇用契約書などに「雇用者は終身勤続を約束する」と書かれ

ているわけでもなければ、「雇用主は終身雇用を約束する」と書かれているわけでもありません。あくまでも相互期待の話であり、終身雇用まではいかないにしても、個人は雇用された企業に長期勤続すること、そして企業は長期雇用を保障することが当事者間だけでなく社会としての期待となりました。

日本の「投資回収期間」は長い？

そのような期待を背景に、日本社会における「企業と個人の関係」は対等というよりも、主従関係でした。企業は、職種を限定しない総合職として新卒入社者を一括で採用し、長期にわたる教育などの投資を行い、それが終わって「一人前」として扱えるようになってからが、ようやく企業としての「投資回収期間」になっていたのです。いつからいつまでが投資期間なのか明確になっているわけではありませんが、新卒社員の研修期間は1カ月〜6カ月程度であることが多く、OJTも含めると1年以上の企業もあります。日本には「石の上にも三年」や、一人前になるまでには1万時間を費やす必要があるとする「1万時間の法則」という言葉もあります。

少し前の調査ですが、2008年にカシオ計算機が50歳のビジネスパーソンに対して実施したアンケート調査[4]において、「年月を経て一人前になった今、今の25歳が『一人前』になるには何年必要だと思いますか？」という質問したところ、44%が「一人前になるには10年必要」と回答しました。ここでは一人前の定義や投資回収という考え方の是非について議論はしませんが、このように新人が一人前になるまでには数年から10年以上の投資期間が必要であると考える人が多いようです。

しかし、実際はどうでしょう。厚生労働省（以下、厚労省）が公表した「新規学卒就職者の離職状況（令和2年3月卒業者）」[5]によると、就職後3年以内の離職率は新規中卒就職者が52.9%、新規高卒就職者が37.0%、新規短大等卒就職者が42.6%、そして新規大学卒就職者が32.3

％となっています。新規学卒入社者の３分の１から半数が、企業から見た「投資期間中」に退職していることになります。

　企業は終身または長期雇用を望んでいるのに、実際には半数近くが投資期間中に退職していく——このような期待と実体のズレが、多くの人が「退職者＝裏切り者」という固定観念を持つ原因のひとつになったと考えられます。そのような実態を背景に、重要な人材である「アルムナイ」と捉えて退職後も関係性を維持すべきであるということを経団連や経産省が言及したことには、大きな時代の変化を表すインパクトがあると考えています。

`コラム`　　　　　　　　　　**日本人のキャリア観**

　終身雇用は完全には崩壊していないものの、転職などで自ら組織を飛び出す個人は少なくありません。それにも関わらず日本でアルムナイ・リレーションシップがまだ普及していないのは、企業とアルムナイの関係が対等でないことが原因です。対等になるためには、個人の側にも意識改革が必要であると考えています。

　というのも、筆者の鈴木は海外に住んだり仕事をしていたおかげで、日本人や他国籍の人とキャリア観などについてお話しする機会が多くあり、そうした機会を通じて日本人のキャリア観の特徴を見てきたからです（カナダの大学卒業後に帰国し一部上場の自動車関連製品メーカーで勤務後、上場メガベンチャーのグアム法人でゼネラルマネジャー、その後、人事・採用のコンサルティングなどを提供する企業でシンガポールを中心に東・東南アジアで仕事をしました）。

　日本人のキャリア観の特徴は２つあると思います。ひとつは、画一的に考える傾向が強い点、もうひとつはキャリア形成を企業などに委ねる傾向が強いという点です。

　例えば私が３社目在籍時、日本やシンガポールやカナダなどの大学

で学生に対してキャリアについてお話をする機会をいただいた際、「皆さんが大学卒業後のキャリアを決める時に、最初に自分自身に３つ問いかけるとしたら、何と問いかけますか」と聞きました。シンガポールやカナダの学生の答えで多かったのは「すぐに仕事に就くのか、仕事以外の何かに時間を使うのか？」「自分は何を大切にして、何を成し遂げたいのか？」「そのためにどのような仕事をすべきなのか？」「その仕事をするためには、会社に雇われるのか、起業などをして自分でビジネスをするのか？」「どこ（どの国）で働くのか？」というものでした。対して、日本の学生は「どの業界で働くか？」「希望する業界の中でどの会社を選ぶか？」という問いが多いようでした。

　日本の学生の多くは卒業後すぐに企業に就職する前提で「会社選び」をしているのに対して、シンガポールやカナダの学生は「卒業後すぐに仕事をするのか？」「何のために、どんな仕事をするのか？」など、「人生設計の一部としての仕事選び」をしています。そのため、業界や会社などを選択する手前での変数が多く、結果としてキャリアモデルが多様であることが印象的でした。

　また同じく３社目在籍時、シンガポールに在住していた時の話です。シンガポールはご存じの通り永住権を持たない外国人が多く住む国のため、日本人を含む外国人と話す時には「What brought you to Singapore?（あなたは何故シンガポールに来たのですか？）」という質問をよくしていました。日本人以外の方は転職であれ社内公募であれ「自分のキャリアの中でこのタイミングでシンガポールで仕事をしたかったから応募した」という方が多かったのに対して、日系企業（特に大手）に勤める日本人には「海外で仕事をしたいなんて考えたこともなかったけど、会社から辞令が出たから」という方が多くいらっしゃいました。もちろんそうでない方もたくさんいらっしゃいましたが、海外移住というキャリア形成における大きなイベントですら会社に委ねるということは、会社への依存度がそれだけ高いと言えます。これ

も終身雇用文化が個人に与えている影響なのかもしれず、もしそうで
あれば変わっていくべきところではないかと考えています。

働き方や「企業と個人の関係」の変化とアルムナイ

「人生100年」とコロナ禍が大きく変えた退職理由

　総務省統計局の平成29年就業構造基本調査[6]によると、労働人口全体
の約7割、正社員に絞っても約5割が一度は転職を経験しています。ま
た同じく統計局の労働力調査によると、2000年代に入ってから日本の年
間転職者比率は労働人口全体の5％前後で推移しています。この数字だ
けを見ると、ある一定の雇用の流動性はあるものの、「企業と個人の関
係」は大きく変化をしていないように見えるかもしれません。しかし、
その実体や働き方は、大きく変化しています。

　2016年には働き方改革担当相が誕生し、2017年には人生100年時代構
想会議が始まるなど、国としても今までよりも多様なキャリアモデルや
人生モデルを促進する動きを強めました。「人生100年時代」という言葉
は、2016年に出版されたリンダ・グラットン氏とアンドリュー・スコッ
ト氏の共著『LIFE SHIFT（ライフ・シフト）─100年時代の人生戦略』
（東洋経済新報社）の影響で、日本でも急速に認知が広がりました。

　本書から引用すると、「いま先進国で生まれる子どもは、50％を上回
る確率で105歳以上生きる」。そして「人が長く生きるようになれば、職
業生活に関する考え方も変わらざるをえない。人生が短かった時代は、
『教育→仕事→引退』という古い3ステージの生き方で問題なかった。
しかし寿命が延びれば、二番目の『仕事』のステージが長くなる。（中
略）不安に突き動かされて、3ステージの生き方が当たり前だった時代
は終わりを迎える。人々は、生涯にもっと多くのステージを経験するよ
うになる」「人生はマルチステージ化する」と指摘します。

このマルチステージの人生では、「たとえば、生涯に二つ、もしくは三つのキャリアをもつようになる。（中略）寿命が延びることの恩恵の一つは、二者択一を強いられなくなることなのだ」といいます。働き方の面で解釈すると、学び直しをしたり、組織に雇われない働き方をしてみたり、複数の収入源を持つポートフォリオ型の働き方をしてみたり、はたまた自分探しをしてみたりと、画一的でない、それぞれにとって自分らしいキャリアや人生設計となります。そのため、キャリアは企業ではなく個人のものであるという意識が高まったと私は捉えています。

2020年から続いたコロナ禍で、この傾向は、より顕著になりました。今までの生活や世の中の前提が大きく変わってしまうパンデミックを体験し、多くの人のキャリア観や人生観が変化しました。仕事内容が大きく変わったことで、仕事の意義を考え直した人。リモートワークによって仕事の選択肢が増えたことで新しい挑戦やキャリアについて考えた人。家族と過ごす時間が増えたりしたことでこの先の人生設計を見直す人も増えました。さらに、「YOLO - You Only Live Once（人生一度きり）」と考え、今の仕事に不満があるわけではないけれども、所属する企業を辞める、という選択肢について考える人も増えました。会社への依存度が高い傾向にある日本人ですが、コロナ禍はそんな日本人にも少なからず影響を与えたのです。

転職する人だけではなく、学校に行って学び直す人、スタートアップ的な起業や個人事業主などスモールビジネス的な起業をする人、Uターンやlターンをしてライフスタイルを変えたり地域創生などに携わる人など、退職を選ぶ理由も多様化しました。

その結果、今までの3ステージを前提とした「企業と個人の関係」に対する考えも変化したため、企業側はそれに合わせた組織運営を求められるようになってきたのです。

本書では読者の皆さんが、企業と個人の関係性や、関係構築の良い例や失敗例などについてイメージを持ちやすくするために、個人を特定で

きないように匿名化した企業や個人のストーリーを織り交ぜていきたい
と思います。

ストーリー　同じビジョンを違うかたちで目指す

　最初に紹介するのは、コロナ禍をきっかけにある会社のアルムナイ
となり、退職後も良い関係を続けているAさんのストーリーです。
2001年に23歳で新卒として大手物流企業X社に入社したAさんは、
仕事も楽しく、営業職として成果を出し、職場でも高く評価されてい
ました。当時は、仕事に不満もなく、漠然と「このままこの会社で長
く働いて、より大きな裁量を持っていくイメージができる」と考え、
転職や独立などは全く考えていませんでした。ところが40歳を超え
た頃の2020年にコロナ禍になり、営業として全国を飛び回っていた
生活が一変します。リモートワーク中心でほとんど出社をしなくなり、
商談も多くがオンラインツールを活用したものに変わりました。最初
は戸惑いがあったものの、すぐに適応して以前と変わらず成果を出し
続けていました。

　その後、X社はリモートワークと出社のハイブリッド型に戻りまし
たが、リモートワークの日は子供と一緒に晩御飯を食べるなど、コロ
ナ禍前と比べると子供と会話をする時間は増えていました。一方で、
Aさんの配偶者は他業界で営業職として働いていたのですが、緊急事
態宣言が明けるとすぐにフル出社に戻っていました。そのため、コロ
ナ禍前は夫婦間で大きな差がなかった子供との会話量が、夫婦で大き
く異なってきていることに気づきました。業界特性もあるので配偶者
の方は仕事に不満があるわけではなく、夫婦間で話をしたものの、働
き方などを変化させることはありませんでしたが、Aさんはこの頃、
ふと違和感を感じました。

　働き方に注目して社内や顧客を見てみると、多くの職種の方が自分

のようなハイブリッド出社とは違い、フル出社をしていること、また、働き方を理由に退職する人が多いことに改めて気づきました。物流は、まさにフル出社を求められる現場が多い業界です。20年近く物流業界で仕事をしていて、人々の生活を支えるインフラとしての物流の仕事に誇りを持ち、物流の仕事や人が好きだからこそ「この業界の仕事をもっと働きやすいものにしないと、この仕事を好きな人も働き続けられなくなってしまう」と感じたAさんは、自社で「物流業界の働き方を変えるDXサービス」を提供することを考え始めます。自社内にはそのような知見がないために、Aさんは海外や日本国内の他社事例を調べる中で、同じ危機感を持った企業の取り組みに興味を持ちます。この企業はAさんが勤める大手物流企業Xの競合企業ではなく、テクノロジーによって様々な業界のDXを進めるIT企業Y社です。この企業のビジョンやサービスにとても共感したAさんは、この企業への転職を考え始めます。Aさんの持つ高いドメイン知識とY社の高いIT技術を掛け合わせれば、質の高い「物流業界の働き方を変えるDXサービス」を実現できると考えたのです。

　ただし、20年以上勤務してきた大好きな会社に迷惑をかけたくないAさんは、「仕事やX社のことを嫌いになったわけではない」ことや「物流業界の支援を通じて、社会のインフラとして人々の生活を豊かにしたい想いは変わっていない」ということ、そして「それを実現するために自分が携わるべき手段が変わってきている」ことや「それを実現できる環境が、自社ではなく別の企業にあると考えていること」などを、上司や社内のキャリアカウンセラーに正直に伝えました。Aさんは社内で高く評価をされていたことから当然慰留はあったものの、最終的には「関係は変わるが、物流業界を良くしていくパートナーとしてこれからもよろしくお願いします。いつかまた一緒に仕事をしましょう」と、X社から背中を押されました。

　DX推進支援をするIT企業Yに転職したAさんは、今も物流業界に携

わり、X社と同じ想いで仕事をしているだけでなく、今も前職の上司
や同僚と情報共有をしながら協業を模索しています。

　長い歴史を持ち、どちらかというと保守的な社風の前職X社で、「退
職者＝裏切り者」といった空気を感じたこともあったAさんは、元上
司に、なぜAさんを快く送り出してくれたのか聞きました。すると元
上司は「今の時代、社会に必要なイノベーションを起こすために、同
じ会社で仕事をするだけが正解ではない。同じ想いを持った人が自社
とは違う強みを持った別の企業にいることで、より大きな変化を起こ
したり、イノベーションを加速するパートナーになる可能性がある。
Aさんがうちを嫌いになったわけじゃないのがよくわかっていたから、
良いパートナーになってくれると思った」と語りました。そして「こ
れから先も、外的環境も、うちの会社も、Aさんも変わり続ける。ま
たうちで仕事をするべきタイミングが来たらいつでも戻ってきてもら
いたい」と言うのです。Aさんは「その時に必要な人材と思ってもら
えるよう、しっかり成長します」と答え、その後も前職の上司や同僚
との交流を続けています。

低くなる大企業とスタートアップの垣根

　転職だけではなく、副業や独立などを含めた働き方の多様化を進める
動きも加速しています。内閣官房は「成長戦略ポータルサイト」で「兼
業・副業やフリーランスなど、新しい働き方を定着させ、リモートワー
クにより地方創生を推進し、DXを進めることで、分散型居住を可能と
する社会」を実現するとしています[7]。また政府は起業を促進するため、
2022年11月に「スタートアップ育成5か年計画」を発表しました[8]。具
体的には、人材・ネットワークの構築、資金供給の強化と出口戦略の多
様化、オープンイノベーションの推進などを促進するものです。この影
響で、大企業とスタートアップの垣根が低くなり、協業だけにとどまら

ず、大手で働く、ある業界のドメイン知識を持った人材が、優れたテクノロジーを持ったスタートアップに転職するという事例も珍しくなくなってきました。

ユーザベース社の調査[9]によると、2013年からの10年弱で国内スタートアップへの投資額は907億円から7,536億円（2023年）と7倍以上になりました。日本経済新聞社が実施した2022年の「NEXTユニコーン調査」[10]によると、「回答企業の21年度の平均年収は650万円」であり、「上場企業の平均を45万円（7％）上回る水準」だったそうです（日本経済新聞電子版、2022年12月13日「スタートアップ年収、上場企業を7％上回る 650万円 NEXTユニコーン調査」）。ベンチャーキャピタルなどからリスクマネーが供給されるようになったことで、大企業とスタートアップ間での人材移動は以前よりも身近なものになってきており、この動きは前述した1980年代頃に米国で起きた変化と似ています。

「就社」を前提としない社内キャリアカウンセリング

こうした外的環境の変化による個人側のキャリア観や人生観の変化を受けて、企業側も社員のキャリアに対する考え方をアップデートしています。最近では社内キャリアコンサルタントやキャリアカウンセラーを置く企業も少なくありませんが、いわゆる「就社」——従業員は自社で働き続け、自社だけでキャリアを完結させること——を前提とは考えず、むしろ「従業員と自社内のキャリアだけしか話さないことには現実味がない」と考え、社員がフラットにキャリアを相談できる環境をつくる企業が増えてきています。その際、キャリアコンサルタントやカウンセラーへ相談したことが上司などに伝わらない配慮はもちろん、上司や同僚に見られる確率を下げるためにキャリア相談室をオフィスから少し離れたところに設置したり、また「社内だけではなく、社外のことも知った上で最終的に自社を選んでもらえるのが理想的」という考えのもと、社外でのキャリア形成も視野に入れた相談を促進している企業もあります。

このように、企業や個人、双方の退職や退職者に対する見方は近年、少しずつ変化してきました。そして「退職＝縁の切れ目」という考えを見直す企業や個人が増えてきているのです。

高まる人的資本経営への注目とアルムナイ

無形資産としてのアルムナイ

　近年の、アルムナイに関連して見逃がせないその他の変化に、「人的資本経営」や「人的資本開示」への関心の高まりがあります。

　業種産業を問わず、現代のほぼ全ての企業にとって、有形資産だけでなく無形資産のストック状況が業績や企業価値に大きな影響を与えるといっても過言ではありません。無形資産の最たるものは知識や技能を持った人材であることから、人材に対する投資やストック状況とその開示は、企業にとってとても重要です。非財務情報の開示の中で特に人的資本が高い注目を集めていることは、皆さんも日々お感じでしょう。

　人的資本の情報開示の詳細や現状に関しては他の書籍に譲り、ここではアルムナイを人的資本として見るとどうなのか、考えてみましょう。

人的資本のストック化

　企業価値や企業の将来性を測るために人的資本情報を見るステークホルダーは、過去から現在までの投資対象の属性や特徴、投資内容、投資リターンなどから、それらの再現性を予想することで投資リターンの蓋然性を知りたいと考えるでしょう。

　読者の皆さんが投資家で、ある企業が1万人の社員に対して100億円の投資をしたとします。投資家として聞きたい質問は何でしょうか。「どのような社員に対して、どのような投資をして、どのようなロジックでどれくらいの企業価値の向上につなげるのか？」という質問は外せない

ことでしょう。では、それがクリアになった後は何を聞くでしょうか。投資対象となった社員が離職せずに企業価値の向上に貢献をし続けてくれるかどうかという視点で、「離職率」を知りたくならないでしょうか。実際、統合報告書等のIR資料で過去数年の離職率の推移や、取り組んでいる離職防止策を開示している企業は少なくありません。

労働市場全体での離職率は、コロナ禍を境に一度下がったもののまた上がっており（厚労省　雇用動向調査結果）[11]、離職率が下がっている企業は多くありません。仮に、あなたが投資をした企業でも、１万人の社員の５％にあたる500人が投資計画の１年目に離職をしたとしましょう。投資した資本がストック化されずに流出してしまうのは、投資家であるあなたにとってもその企業にとっても当然、望ましい状態ではありません。では、投資家として次に、その企業に何を聞きたいでしょうか。

採用計画など、いくつか考えられますが、ここで「アルムナイ」も選択肢のひとつになりうるのです。例えば「離職したアルムナイは何をしているのか？」、「何人のアルムナイとつながっているのか？」、「そのアルムナイは何かしらのかたちで当社に貢献してもいいという考えはあるのか？」といったことです。人的資本の流出に手を打っているかを確認できます。それに対して企業は「アルムナイ・リレーションシップを築くための取り組み」や「つながっているアルムナイの属性」、そして「アルムナイとの関係や会社に対するエンゲージメント」などを示すことになります。

実際、アルムナイを「社外の貴重な人的資本」と捉えて、アルムナイ・リレーションシップについて統合報告書やプレスリリースなどに記載をしている企業は増加しています。あなたの会社を離れたアルムナイも、捉え方と関係性の構築の仕方によって、「社外の人的資本」として継続して自社の資本と考えることができるのです。

組織の枠を超えたネットワークづくり（アルムナイ）

〈みずほ〉では社外の多様なフィールドで活躍する元社員（アルムナイ）とのネットワーク拡大を推進しています。社員参加型ワーキンググループとアルムナイとの意見交換会等を通じて認識した〈みずほ〉の強みや課題を企業風土変革へ活用したり、〈みずほ〉・アルムナイ双方の知見を互いに活用したりする等、連携しながらともに社会課題の解決に取り組んでいきます。

出所：みずほフィナンシャルグループ「統合報告書 ディスクロージャー誌 2023」より作成
https://www.mizuho-fg.co.jp/investors/financial/disclosure/pdf/data23d_all_browsing.pdf

アルムナイ採用（ネットワーク構築）

当社グループ会社を離職・退職した人財（アルムナイ）の再雇用にも積極的に取り組んでいます。2022年度には、組織とアルムナイの新たな関係構築を推進し、優れた取り組みを評価する「ジャパンアルムナイアワード」の奨励賞を3年連続で受賞しました。加えて、2023年度には「志のデザイン部門」で最優秀賞を受賞しました。

現在、アルムナイコミュニティを有志で運営しており、150人以上のアルムナイが登録されています。また、当社創立記念日にあたる10月25日にはアルムナイが親睦を深めるEcho-Dayを過去5年継続して開催しています。

加えて、日揮グループの情報が知りたいという外部の方向けに人財登録システム「JGC Members」を開設し、定期的な情報発信に加え、当社グループのパーパスに共感する人財を社外から集める活動を実施しています。

過去4年間のアルムナイ採用者数

2022年度	8名
2021年度	0名
2020年度	3名
2019年度	1名

2023年10月25日に開催したEcho-Day

出所：日揮ホールディングス「JGCレポート（統合報告書）」より作成
https://www.jgc.com/jp/ir/ir-library/annual-reports/pdf/JGCReport2023_j.pdf

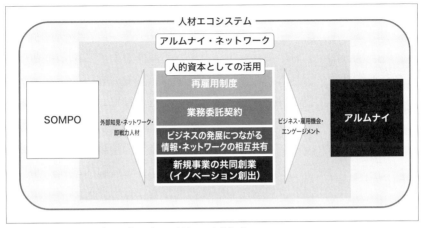

出所：SOMPOホールディングス プレスリリースより作成
https://www.sompo-hd.com/-/media/hd/files/news/2022/20221014_1.pdf?la=ja-JP

アルムナイの人材価値

　ここまで、社会構造の変化などによる企業と個人の関係の変化、退職（キャリア）に対する見方や価値観の変化を見てきました。企業の側からも個人の側からも、退職者を「アルムナイ」と捉えてつながり続けるべきメリットや理由があることがおわかりいただけたのではないかと思います。

　しかし、アルムナイ・リレーションシップの可能性やメリットは、他にもあります。**アルムナイだからこそ、つながっておくべき理由や価値**があるのです。本章の最後に、アルムナイという人材の特徴を見ておきましょう。

アルムナイならではの知識や能力

　筆者の鈴木が日本におけるアルムナイ・リレーションシップの可能性を訴え始めた2017年頃、多くの人が「退職者とつながっておくべき理由

がわからない」と言っていました。外資系企業に勤めている方など、アルムナイ・リレーションシップの価値を理解されている方からも、「日本企業とは相性が悪いのではないか」と言われました。ここまで述べてきた「退職者＝裏切り者」という固定観念などもその理由のひとつですが、それ以上に指摘されたのが「メンバーシップ型雇用とアルムナイ・リレーションシップの相性が悪い」ということです。「ジョブ型雇用の組織で、人材の専門性が高い場合は退職後にも関係を維持しておいた方が価値に結びつきやすい。一方でメンバーシップ型の組織では、一度社外に出た人材が価値の高いスキルや専門性を身に付けて前の会社に戻っても、それを持ち込んで発揮しづらい環境だから」と言うのです。当時から私はこの見方には懐疑的でしたが、それから8年ほど経った今では「メンバーシップ型の日本企業こそ、アルムナイ・リレーションシップから受けられる恩恵がとても多い」と、自信を持って言うことができます。

　言うまでもありませんが、アルムナイと関係を築いている企業は、人材不足などを背景に、誰でも良いから多くのリソースを得るためにアルムナイに注目しているわけではありません。さらに言えば、アルムナイと他の社外の優秀な人材を同列に見ているわけでもありません。アルムナイは「唯一無二の貴重な存在」だと考えているのです。そして、その理由がメンバーシップ型雇用と強く関係しています。

　個人が保有する能力には、どの企業でも通用する「ポータブルスキル（組織や業種や職種が変わっても持ち運び可能な能力）」と、特定の企業でしか活用することができない「企業特殊的能力」があります。専門的な知識や技術などだけではなく、その企業特有のルールや慣習を知っているといった知識や経験値なども企業特殊的能力の一部であるといえるでしょう。

　自社内で当たり前のようにいつも使っている言葉を社外で使った時に、話が通じず、その言葉が一般用語でないことを知ったという経験はない

でしょうか。他にも社内ルールや慣習が、社外を知って初めて特殊だったと気づいたこともあるかもしれません。このような特殊な言葉やルールや慣習は往々にして明文化されておらず、暗黙知になっていたりします。それらの暗黙知を理解し使えることが企業特殊的能力です。これは社内で物事を推進する時にとても重要な能力で、アルムナイ以外の外部人材がすぐに持つことができない、アルムナイならではの知識や能力です。

> **ストーリー** ## 企業特殊的能力を持つ外部人材
>
> 　経理部門に対してコンサルティングやクラウドシステムを提供する中小企業のABC社で新規事業を担当していたZ氏は、起業するためにABC社を退職することにしました。Z氏は以前からいつかは起業すると公言していて、退職の意志を会社に伝えた後も進行中の案件をやりきってから退職したこともあり、ABC社ととても良い関係のまま退職することができました。Z氏だけだった新規事業担当は、Z氏の退職後に新規事業担当チームとなり、2名の社員が配属されました。1人は社内の他の部署から異動してきた若手社員A氏で、もう1人は大企業での新規事業開発経験を買われて入社した中途社員B氏でした。
>
> 　Z氏が退職して1年が経った頃、この2人からZ氏に相談がありました。新しい事業の社内提案が一向に進まず困っていて相談をしたいというのです。詳しく話を聞いてみると、若手社員A氏のドメイン知識を生かしたビジネスアイデアを、中途社員B氏が前職で活用していた事業開発フレームワークを使い社内の責任者会議で提案を上げているものの、一向に賛同が得られないというものでした。事業の構想自体は悪くないと感じたZ氏は、自身が在籍時に実行した手法をA氏とB氏に伝えました。それは、この事業構想のターゲットとなりうる企業群を顧客に持つC氏と、その上司にあたるD氏を巻き込む進め方です。
>
> 　C氏は新しいことにチャレンジすることが好きで、顧客からの信頼

も厚いことから、新規事業のPoC（概念実証）などにとても協力的な社員で、Z氏も何度も一緒に仕事をしたことがありました。一方で、D氏は非常に慎重なタイプで、新規事業の顧客提供価値や将来性にワクワクはするものの、それ以上にうまくいかなかった場合の自社や顧客にとってのリスクを事前にクリアにしておきたいタイプでした。C氏とD氏が所属する部署は若手社員A氏が新規事業室に異動するまで在籍していた部署とは別のサービスを扱っている部署だったことから、A氏には説得材料が不足していました。一方で、Z氏が起業した事業では、C氏とD氏の部署と顧客群が近いこともあり、Z氏の協力で顧客にとってどのような価値があるかという絵を描くことができました。A氏とB氏はこれにPoCのリスクやそれを最小化するための条件などを加えたプランを持って、C氏とD氏に提案しました。C氏とD氏は積極的に協力してくれることとなり、その後PoCの結果を持って責任者会議でも検討が進み、新規事業開発として次のフェーズに進んでいきました。

　A氏とB氏はZ氏の企業特殊的能力に助けられました。Z氏は自身の経験から、ABC社では責任者会議などでの正式な承認を得る前に社内の協力者を見つけて小さなPoCをすることは問題がないこと、そしてそのPoCの結果を持って責任者会議に臨むほうが具体的な議論に進展しやすいことを経験から知っていたのです。

イノベーション創出のパートナー

　そうした企業特殊的能力を持つアルムナイですが、彼らはイノベーションを創出するパートナーにもなりえます。イノベーションというと、最先端技術や、誰も考えたことがないような革新的な発想が必要と考えるかもしれません。もちろん革新的な技術や発想から生まれるイノベーションは素晴らしいのですが、世の中にはそれだけではなく、もっと多

くのイノベーションが必要であり、それは既知と既知の組み合わせから生まれます。

　スタンフォード大学のチャールズ・A・オライリー教授とハーバード大学のマイケル・L・タッシュマン教授の著書で、早稲田大学ビジネススクールの入山章栄教授が監訳・解説をした『両利きの経営』（2019年、東洋経済新報社）では、企業がイノベーションを起こす上で重要な「両利きの経営」理論を以下のように説明しています。

> ・「両利きの経営」＝「主に『探索（Exploration）』と『深化（exploitation）』という活動が、バランスよく高い次元で取れていること」
> ・「探索」とは、「なるべく自身・自社の既存の認知の範囲を超えて、遠くに認知を広げていこうという行為」
> ・「深化」とは、「探索などを通じて試したことの中から、成功しそうなものを見極めて、それを深掘りし、磨き込んでいく活動」
> ・しかし、一般的に、企業には、事業が成熟するのに伴いどんどん深化に偏っていく傾向があることも知られている。
> ・コストとリスクを伴う上に成果が不確実な「探索」よりも、社会的な信頼を確保できる「深化」に向かってしまうのは、企業の必然といえる。

出所：『両利きの経営』（増補改訂版）チャールズ・A・オライリー、マイケル・L・タッシュマン著、入山章栄監訳・解説、冨山和彦解説、渡部典子訳（東洋経済新報社）より引用、ハイフン、箇条書きは筆者

　ある企業の中では当たり前に認知されていることが、社外ではそうでなかったり、逆も然りということがたくさん起こっており、企業の内と外の壁をなくした「探索」を行うことができるのが、ネットワークのハブになる人材、つまりアルムナイです。もちろん社内にも知の探索の役割を全うする方はいるでしょうが、フットワークが軽く弱いネットワー

クを維持することが得意な、根っからの知の探索タイプの人の中には、社外に飛び出してしまう方も多くいます。

入山章栄氏はまた、自身の著書『ビジネススクールでは学べない世界最先端の経営学』（日経BP社）の中で、日本企業にとって「『チャラ男』と『根回しオヤジ』こそが、最強のコンビである」といい、フットワークの軽い人のことを「チャラ男」と表現していますが、アルムナイの中にはこの「チャラ男」タイプも当然ながら存在するのです。「チャラ男」タイプのアルムナイは社内のことを全く知らない野良の「チャラ男」とは異なり、ある一定の企業特殊的能力も持ち合わせています。このような「チャラ男」のアルムナイを、社内の「根回しオヤジ」と組み合わせることで、知の探索と知の深化の両方を機能させることができるのだと、私は考えています。

多様な「新しい」関係

最近では「アルムナイ採用」という言葉が使われるくらい、一度退職したアルムナイを再雇用（再採用）しようとする企業が増加しています。繰り返しになりますが、これは企業が人材不足を背景に「誰でも良い」から採用をしているのではなく、ここまでお伝えしてきたアルムナイという人材の特徴を高く評価した上で、もう一度一緒に働ける機会を求めた結果としての動きでしょう。

ただ、ここまでお伝えしてきたアルムナイの特徴を考えると、アルムナイとの関係にはもっと多くの協働の可能性があることは明白です。

もちろん**アルムナイの再雇用**も、退職理由になった原因や理由が解消されていて、お互いのニーズに最適なかたちであれば理想的なひとつの「新しい関係」といえます。実際、日本だけに限らず、グローバルで見てもアルムナイの再雇用は注目を集めています。カナダのピープルアナリティクス企業Visier社が、ユニバーシティ・カレッジ・ロンドンの准教授などと共同で実施した調査[12]によると、「Boomerang Hire」（ブーメ

第1章 ● アルムナイが注目されている理由

ランのように戻る→アルムナイの再雇用を意味）を強化する企業は増加していて、2019年から2022年の4年の間に調査対象企業が採用した人の28％が「Boomerang Hire」だったそうです。また、マネジャー職で「Boomerang」した人の約40％は退職時は非マネジャー職だったとのこと。社外で成長して再入社をするアルムナイも珍しくないと考えられるでしょう。このような調査結果からも、退職者を再雇用することは、企業の人材戦略において重要な取り組みであることがわかります。

アルムナイが再入社することを「戻ってくる約束がない状態で社外出向していた人が戻ってきてくれた感覚。再び当社を選んでくれて嬉しい」と表現される企業の方もいます。

一方で、正社員雇用というかたちに限定せず新しい関係を築くことがお互いにとって最適というケースも多いでしょう。例えば、**副業や兼業**というかたちで一部の業務を担ってもらうことは、双方から見て安心できる副業パートナーであるといえます。例えばある企業では、退職が決まっている社員との間で、退職前に業務委託契約を締結し、退職日の翌日から業務委託パートナーとして在籍時に担っていた業務の一部をそのまま担当してもらっています。そうすることで、退職によって100が0になるのではなく、100が20などになる関係を実現できます。

入社候補者との関係という意味では、**「採用ブランディング」**への影響も見逃せません。終身雇用という考えに囚われていない昨今の就活生は、就職先を選ぶ軸のひとつとして、アルムナイの退職後のキャリアや、企業とアルムナイの関係に興味を持っています。18歳以上29歳以下の大学生および大学院生に弊社が実施した「企業の退職者への関心」をテーマとした調査[13]では、68％の学生が「元従業員の退職後のキャリア」に関心があると答え、半数以上の学生が「元従業員の退職後のキャリアが魅力的だと志望度が上がる」と答えました。その理由としては、「勤務

43

していた時に有用な能力を身につけられているとわかるから」や「退職後に魅力的なキャリア形成をしている先輩がいるなら、安心して入社できるから」という声がありました。

　また、約6割が退職者と交流がある企業を「印象が良い」と回答し、「退職後も交流があるほどその会社が好きなんだと思うため」や「退職してもその人を応援している感じがするから」といった声が理由としてあげられました。

図1-1　就活生も気になるアルムナイ

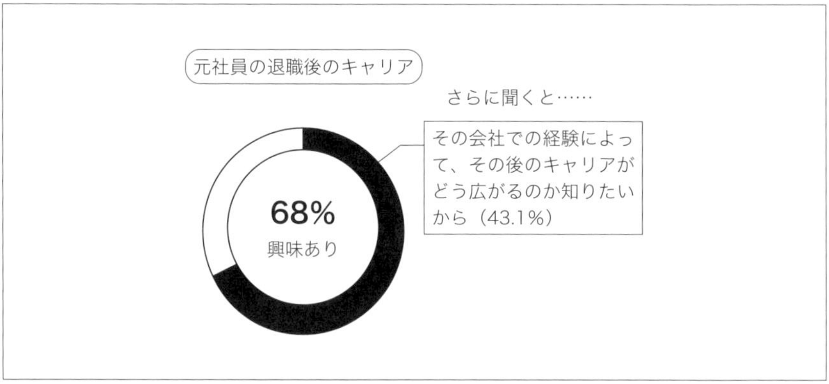

元社員の退職後のキャリア

さらに聞くと……

68%
興味あり

その会社での経験によって、その後のキャリアがどう広がるのか知りたいから（43.1%）

出所：株式会社ハッカズーク『企業の退職者への関心』に関する調査

　コンサルティング企業のドリームインキュベータ社は、自社のウェブサイトに「『DIって就職先としてどう？』元DIビジネスプロデューサーから見たDIの魅力とは」というアルムナイのインタビュー記事を掲載しています。実際にインタビュー記事を見た候補者からは、「ここで働くことで市場価値が高くなるキャリア形成がイメージできる」という声があり、とても評判が良いそうです。

　こうしてアルムナイ・リレーションシップの話をすると、転職や退職を推奨していると勘違いをされがちですが、全くそんなことはありません。むしろ、**もったいない退職はなくなればいい**と考えていますし、**社**

出所：https://www.dreamincubator.co.jp/careers/interview/almnitalk02/

員がアルムナイを通して社外を見たり、企業とアルムナイの関係によって退職が減らせるとすら考えています。社外から客観的に出身企業を見たアルムナイが、その出身企業の社員に対して改めてその会社の良さを伝えてくれることも多く、いくつかの大手金融機関などではアルムナイが社員に対して講演をする機会をつくっています。

　また、**自社の制度やカルチャーをもっと魅力的にするために、アルムナイにアンケートやインタビューをする**企業も増えています。というのも、多くの企業が退職前に面談やエグジットサーベイなどを実施していますが、そこでは本音が出にくいことや、新卒入社の場合は他社を知らず比較対象がないため十分なフィードバックが得られません。その点、アルムナイに退職後1カ月、3カ月、6カ月などの期間を置いた後に面談やサーベイをすることで、「自社の欠点だと思っていたけど、実は他社よりも優れていた点」や、逆に「ここを改善できれば社員のエンゲージメントは上がる」などの率直なフィードバックをもらうことができます。そうしたアルムナイの意見を踏まえ、自社の制度やカルチャーの良い点を知り、強化やアピールをしたり、足りない点を改善し、従業員体

験の向上や退職率改善につなげることができます。

ビジネス視点でも多くの新しい関係が実現されています。B2B企業では、**アルムナイが転職先で顧客**になってくれることも多々あります。また、**セールスパートナー**になることも多く、アルムナイが自社と隣接する業界にいる場合はもちろん、たとえ同じ業界にいたとしても、ターゲット顧客規模が違うなどの理由によって競合ではなく相互送客ができる良いパートナーになるケースもよくあります。最近ではアルムナイが起業したり転職したスタートアップに出資をしたり、そのスタートアップと**協業して事業を開発**している事例もあります。

先述の通り、社外にいて「知の探索」に近い役割を果たしやすい状況におり、「知の深化」に必要な企業特殊的能力を保有するという特徴を持つアルムナイ。企業とアルムナイは、アルムナイが社外にいるまま新しい関係を築くということが、お互いにとって有益になるのです。

アルムナイとの関係には再雇用だけでなく、本当に多様なつながりのかたちと大きな価値があることをおわかりいただけたかと思います。第2章では、企業がアルムナイと良い関係を継続するために必要な条件を見ていきます。

図1-2　アルムナイとの多様な「新しい」協働の可能性

第1章 ● アルムナイが注目されている理由

> **注**

1 パーソル総合研究所「コーポレート・アルムナイ（企業同窓生）に関する定量調査」2020年
   https://rc.persol-group.co.jp/thinktank/data/alumni.html
2 社会関係資本：「個人間のつながりから生じる互酬性と信頼性の規範」。米国の政治学者、ロバート・パットナム氏によって定義。
3 経済産業省 「人的資本経営の実現に向けた検討会報告書～人材版伊藤レポート2.0～」
   https://www.meti.go.jp/policy/economy/jinteki_shihon/pdf/report2.0.pdf
4 カシオ計算機「G-SHOCK発売25周年記念調査 ～25歳、50歳にみる仕事とプライベートに対する感覚・意識比較～」2008年
   https://prtimes.jp/main/html/rd/p/000000002.000000586.html
5 厚生労働省「新規学卒就職者の離職状況（令和2年3月卒業者）」
   https://www.mhlw.go.jp/content/11805001/001158687.pdf
6 転職経験 「平成29年就業構造基本調査」就業異動に関する表128、163-1
   https://www.e-stat.go.jp/stat-search/files?
   page=1&layout=datalist&toukei=00200532&tstat=000001107875&cycle=0&tclass1=000001
   107876&tclass2=000001107877&tclass3val=0
   転職者比率 「令和4年労働力調査年報」II－A－第5表
   https://www.stat.go.jp/data/roudou/report/2022/pdf/summary2.pdf
7 内閣官房 成長戦略ポータルサイト 新しい働き方の定着
   https://www.kantei.go.jp/jp/singi/keizaisaisei/portal/new_workstyle/index.html
8 内閣官房 スタートアップ育成ポータルサイト
   https://www.cas.go.jp/jp/seisaku/su-portal/index.html
9 ユーザベース社INITIAL「【最新版】2023年スタートアップ調達トレンド」（2024年1月23日時点）https://initial.inc/articles/japan-startup-finance-2023
10 日本経済新聞電子版「スタートアップ年収、上場企業を7％上回る 650万円 NEXTユニコーン調査」2022年12月13日
11 厚生労働省「令和4年 雇用動向調査結果の概要」
   https://www.mhlw.go.jp/toukei/itiran/roudou/koyou/doukou/23-2/index.html
12 Harvard Business Review 「The Promise (and Risk) of Boom－erang Employees」by Anthony C. Klotz, Andrea Derler, Carlina Kim, and Manda Winlaw,March 15, 2023
   https://hbr.org/2023/03/the-promise-and-risk-of-boomerang-employees
13 株式会社ハッカズーク『企業の退職者への関心』に関する調査結果
   https://alumni-lab.jp/survey2/

第 **2** 章

アルムナイと良い関係を
継続できる条件

本章では、企業がアルムナイと良い関係を継続できる条件について取り上げます。先に項目を挙げると、それは以下にかかっています。順に見ていきましょう。

①長期的な人事・組織戦略や理念との一致
②企業と個人双方にとってメリットがあるか
③懐かしさと新鮮さ
④辞め方改革とオフボーディング

①長期的な人事・組織戦略や　理念との一致

終身雇用は恐怖政治？

　「うちみたいに安定している大企業を辞めて、そんな誰も知らないような会社に転職して大丈夫なの？　一度辞めたら二度と戻って来れないし、今までのような社会的信頼も失うんだぞ」

　上司に退職する意志を伝えた際にこんなことを言われた、という話を聞いたことはないでしょうか。特に新卒就活人気企業ランキングで上位にきていたような人気企業を退職した人から聞いたことがあるかもしれません。このような発言を肯定するわけではありませんが、発言者個人が問題というより、その企業に根付いた企業と個人の関係に関する考え方から出た発言なのかもしれません。前章でも触れましたが、終身雇用という思想において、企業は新卒一括採用で学業優秀な学生を採用し、長期にわたり企業特殊的能力を身に付ける育成をする。そして、年功序列や退職金など長期就業を優遇する制度をつくり、一度でも退職するとそのような恩恵を失うという「退職で得るものよりも、失うものの方が多い」設計にすることで、長期的な人材の囲い込みをしてきました。

　「退職金は、長年の勤労に対する報償的給与として一時に支払われる

ものであることなどから、*退職所得控除を設けたり、他の所得と分離して課税されるなど、税負担が軽くなるよう配慮されています*」

　国税庁のサイトにこのような記載があり[1]、退職金に所得控除や分離課税などの優遇措置が講じられていることから、企業のみならず国も長期雇用・長期勤続を推奨していたことがわかります。企業の長期雇用制度と日本の社会システムは密接に組み合わさっており、各種制度が整う大企業に長期勤続している人は社会的信頼も高く、経済的安定性も保障されてきました。企業も終身雇用や年功序列といった制度を長らく候補者や社員にアピールしてきました。「一度辞めたら二度と戻って来れないし、社会的信頼も失う」という、本節冒頭の上司の失うものを強調するような恐怖政治的な発言は、終身雇用が生んだ発言だったのかもしれませんが、このような中途退職を前提としない思想のもとでは、退職後に退職者と良い関係性を継続することなど想像できないでしょう。

終身 "雇用" 関係から終身 "信頼" 関係に

　政府が2023年6月に決定した「新しい資本主義のグランドデザイン及び実行計画」では、労働市場の三位一体改革のひとつとして、「成長分野への労働移動の円滑化」を掲げています。そして、それを阻害している原因のひとつである退職金への課税制度を是正すると発表しました。経過措置の設計などに時間がかかることを理由に2024年度の税制改正は見送られましたが、2025年度以降に見直される予定です。

　このように国の制度も終身雇用関係を当たり前としない前提に変わる中、これからの企業と個人の関係はどうあるべきなのでしょうか。終身雇用関係とは真逆の思想にあるような企業を見てみましょう。前章で紹介したマッキンゼーやアクセンチュアの両社は、ウェブサイトで近しい理念を紹介しています。

　「Once Accenture Always Accenture」[2]

「Once McKinsey, always a part of the McKinsey family」[3]

「また外資系コンサル企業の話か」と言われてしまいそうですが、「一度一緒に働いた仲間は、たとえ退職したとしても仲間であり続ける」という考え方は、これからの日本企業における企業と個人の関係の理念としても、合っているのではないでしょうか。

これからの企業と個人の関係に関連して、2015年、ペイパル・マフィア[4]の1人、LinkedIn創業者のリード・ホフマン氏らの著書で、篠田真貴子氏（エール株式会社取締役でアルムナイ研究所アドバイザー）監訳の書籍『ALLIANCE アライアンス―人と企業が信頼で結ばれる新しい雇用』（ダイヤモンド社）が発行されています。本書によればアライアンスとは、対等な「雇用主と社員が『どのような価値を相手にもたらすか』に基づいてつくられる」、「期間を明確に定めて結ぶ提携関係」です。「相互信頼と相互投資、そして相互利益を高めるような新しい雇用の枠組み」であるといいます。

このような信頼関係は雇用関係がなくなったからといって崩れるものではないため、退職しても持続する「終身"信頼"関係」です。この終身信頼関係があればこそ、退職後も企業や組織の枠を越えたアルムナイとのつながりが持続されるのです。

篠田氏は『アライアンス』発売からの変化を、次のように表現されていました。

「2015年の発売当初は、スタートアップなどで働く方から多くの共感や反応があったが、日系大企業の方からの反応はあまり多くなかった。それから数年後には、日系大企業で働く方からも多くの共感や反応が得られるようになったことから、日本のビジネスパーソンや企業が大きく変化していることの証拠だと考え、本書の監訳者としても、スタートアップの経営者としてもとても嬉しく感じた。実際、発売当初は電子書籍版であったり、単行本でもスタートアップの多い渋谷区などの書店を中心に売れていたものが、数年後には大企業の多い中央区などでの単行本

の売り上げが伸びたと聞いている」

既に多くの個人の考えも「終身雇用関係」から「終身"信頼"関係」に変わってきています。「Once ○○ Always ○○　一度一緒に働いた仲間は、たとえ退職したとしても仲間であり続ける」という理念のもとで終身信頼関係を築くことが、退職後にアルムナイ・リレーションシップを継続できる重要な条件といえるでしょう。

変わる「ゆりかごから墓場まで」

日本の企業と個人の関係における「ゆりかごから墓場」というと、入社してから退職するまで、といわれてきました。そのため人事の役割は、入社前の採用候補者との関係構築・強化に取り組むCRM（Candidate Relationship Management—候補者関係管理）から、入社後の従業員との関係構築・強化に取り組むERM（Employee Relationship Management—従業員関係管理）までとするのが一般的でした。転職や独立などで退職した人と人事が公式に関係構築・強化をすることは珍しく、定年退職した人同士や企業との公式な関係として社友会などはあるものの、事務局は総務部管轄になったりするため、人事としての役割はCRMから

図2-1　CRM・ERMとARM

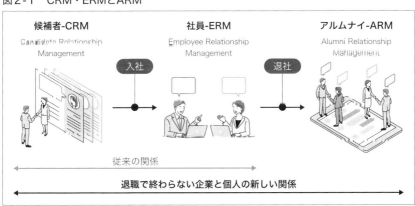

ERMまでだったのです。

　退職後に退職者と理想的な関係を継続するためには、その関係をCRM・ERMから隔離された個別のものとして扱うのではなく、「ゆりかごから墓場」に新しく3つめの柱として「ARM（Alumni Relationship Management―退職者関係管理）」として加えて、CRM・ERMと連動させていくことが重要です（**図2-1**）。

　例えば、採用時や在職中には終身にわたる忠誠心と終身の勤続を求め、定年以外の退職者には裏切り者扱いをするという企業があったとしましょう。架空のこの企業では「退職者の再入社を禁ずる」というルールが明文化され、「退職者との業務委託契約や、退職者の転職先企業との取引を禁ずる」という暗黙のルールを設けています。この企業が、自身を何も変えないまま、退職者に対して「退職後もお互いに良い関係を築いていきましょう」と伝えたら、退職者はどのように感じるでしょうか。きっと一貫性のないちぐはぐさに、心を動かされることはなく、会社の言動に不信感を抱くでしょう。

　逆も然りで、採用前から入社後まで一貫して個人のキャリアの尊重を掲げ、「Once ○○ Always ○○」や終身信頼関係の構築を標榜している会社が、退職と同時に退職者に対する態度を変えて関係を断ち、退職者にとって不利になるような言動をしていたらどうでしょうか。アルムナイが残念に感じることはもちろん、会社に残っている社員たちも、そもそも会社が掲げている理念が本気ではないのではないか、と不信感を持つでしょう。

　どちらも<u>理念と言動にズレがあることによって社員やアルムナイに不信感を持たれ、理念に基づく関係の構築・強化を妨げる原因</u>となります。一貫性のある理念のもとでCRM・ERM・ARMを連動させることが重要です。経営や人事として直接、社員やアルムナイに発信するメッセージはもちろん、評価制度や業務遂行に関わる制度などが理念の徹底の妨げになっていないかにも注意が必要です。

第2章 ● アルムナイと良い関係を継続できる条件

ストーリー **評価制度によって異なる退職時の上司の反応**

　大手IT企業のZ社は、同業界の他社と比べて早くから働き方改革に取り組んだり、異業種からの中途採用を強化したり、領域・事業部別に異なる人事制度を構築するなど、先進的な取り組みをすることで知られている企業です。新卒採用や中途採用などに関係なく意欲的な社員が多く、既存事業も好調な上に、新規事業も立ち上がっています。

　求職者からも人気があり、従業員満足度などのスコアも高い同社ですが、離職率は同業他社より高い傾向にあります。経営陣は、これは自律的な社員が多いことや、同社の社員が外部から高く評価されている結果、起業をしたり他社から引き抜きされる社員が多いと見ています。また、転職や起業を理由に退職をした社員が同社の販売代理店になっていたり、面白い先端技術の売り込みに来ていたり、再入社して退職前よりも上のポジションで活躍している社員がいる事実も認識していました。

　そこでZ社では、公式のアルムナイ・コミュニティを立ち上げ、アルムナイ・リレーションシップを強化することにしました。もともと「退職者＝裏切り者」といった考えはなく、そのような理念は社内にも浸透していましたが、これにより一層アルムナイとの様々なコラボレーションが増加しました。

　公式アルムナイ・コミュニティの設立から1年ほどが経過し、人事部の担当者がアルムナイとのコラボレーション事例を分析していると、あることに気が付きました。事業部Aだけ、アルムナイとの協業や再入社などが皆無に近く、アルムナイ・コミュニティへの登録率も圧倒的に低いのです。顧客の業界や商材の特徴が関係しているのかと思い、同事業部の責任者クラスにヒアリングをするものの「そんなことはないはずで、できることならアルムナイとの関係を強化したい」と言います。そこで人事部が同事業部のアルムナイや社員にヒアリングをし

55

たところ、見落としていた事実が判明しました。

　Z社は事業部毎の裁量が大きく、予算策定のフローや評価制度なども事業部毎に異なります。事業部Aでは四半期毎に期初のチーム毎の人員数をベースに予算を策定し、仮に人員の減少があったとしても売り上げの予算は見直さないルールになっていました。また、チームの予算達成率によって上下する賞与係数の幅が他の事業部より広くなっていました。その結果、四半期中に退職する社員がいると、期末まで強引な引き留めをしたり、「お前のせいでチーム全体の評価が下がる」と迫る上司がいたり、「あいつのせいで自分の賞与が下がる」と考える人が多くなることが避けられない仕組みになっていたのです。そこでZ社の人事部は、事業部毎の裁量や自由度は極力残した上で、同社の理念に反する行動を生み出しやすい制度やルールをなくすことに取り組みました。

　企業としての理念を明確にして、浸透を徹底しているつもりであっても、一人ひとりの社員にまで浸透していないことがあります。そしてZ社のように、理念に共感をしていたとしても、制度などが気持ちとは反対の言動をさせてしまうことがあります。**理念と言動の一致だけでなく、理念と制度の整合性も、良いアルムナイ・リレーションシップを成り立たせる上でとても重要な要素となるのです。**

第2章 ● アルムナイと良い関係を継続できる条件

②企業と個人双方にとってメリットがあるか

「アルムナイ＝再雇用」は偏った認識

　アルムナイと良い関係を継続する条件の2つめは、企業と個人双方にとってメリットのある関係にすることです。それはどんな関係なのでしょうか。まずは退職者に対する近年の企業の動きを振り返ってみましょう。

　2010年頃から、一部の企業は「カムバック採用」や「ジョブリターン制度」と呼ばれる退職者の再雇用を促す制度の整備を積極的に推進し始めました。明確な定義こそありませんが、主に結婚・出産・介護・配偶者の転勤といった理由で退職した社員を対象とし、退職時の処遇やポジションを維持したまま再雇用するものでした。企業側からの積極的なアプローチは少なく、退職者からの再入社希望を待つという点が特徴です。

　2021年頃からは、単に再雇用を目的とした制度ではなく、企業と退職者が退職後もつながり続ける「アルムナイ・リレーションシップ」の一環として、「アルムナイ採用」と呼ばれる取り組みが注目されるようになりました。この取り組みの特徴は、転職や独立など様々な理由で退職した社員も含めて広く対象とし、再入社時の処遇やポジションは他の中途採用者と同等に扱われることが多い点です。

　労働人口の減少が進む中、アルムナイの再雇用が注目を集めることは当然です。アルムナイと聞くと「再雇用のことでしょ？」と言われることも少なくありません。しかし、本来、アルムナイ・リレーションシップとは、前章でも触れた通り再雇用に限らず、もっと多様な関係を意味します。「アルムナイ・リレーションシップの構築＝再雇用を行うため」というのはやや偏った見方であり、アルムナイ・リレーションシップ構築の本質的な意義や、そこに取り組む企業の考え方が偏った意味に捉えられる可能性があることに、危機感を感じています。

　実際、私（鈴木）が研究員を務めるアルムナイ研究所が2020年に実施

57

した「過去在籍した企業との交流と協業の可能性」に関する調査[5]では、業務委託での副業など、正社員としての再入社ではないかたちで退職した会社と仕事をしたい人や、ビジネス提携など協業というかたちで関係を持ちたいという人が、再入社したい人の数を上回りました。これは個人（アルムナイ）の側から考えれば当然のことなのですが、辞めた会社と退職後もつながりたいアルムナイには、**再雇用されたい人だけではなく退職後も協業したい人など、様々です。**この調査から現在、約4年が経っており、アルムナイとのつながりを維持する文化が日本でも徐々に広がってきていますが、アルムナイが以前所属していた企業に求めるものが再入社以外にも様々であることは、今後も変わらないでしょう。

図2-2　アルムナイが企業とつながる理由は様々

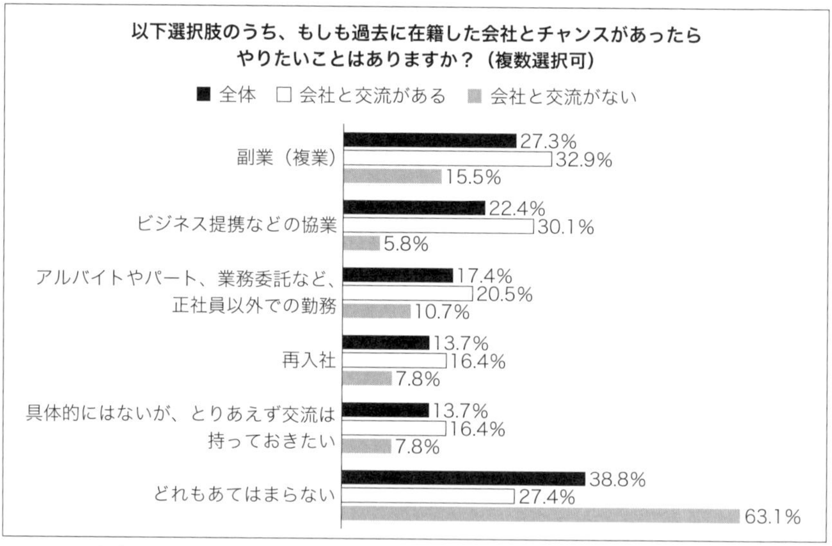

以下選択肢のうち、もしも過去に在籍した会社とチャンスがあったらやりたいことはありますか？（複数選択可）

■ 全体　□ 会社と交流がある　▨ 会社と交流がない

	全体	会社と交流がある	会社と交流がない
副業（複業）	27.3%	32.9%	15.5%
ビジネス提携などの協業	22.4%	30.1%	5.8%
アルバイトやパート、業務委託など、正社員以外での勤務	17.4%	20.5%	10.7%
再入社	13.7%	16.4%	7.8%
具体的にはないが、とりあえず交流は持っておきたい	13.7%	16.4%	7.8%
どれもあてはまらない	38.8%	27.4%	63.1%

出所：アルムナイ研究所「過去在籍した企業との交流と協業の可能性」に関する調査より

第2章 ● アルムナイと良い関係を継続できる条件

> **ストーリー** 前職からの連絡に「悲しい」と感じた
> アルムナイ

　中堅バイオ系企業A社からSaaSスタートアップB社に転職したX氏は、A社時代の同期で現在もA社で働いているY氏とZ氏と退職後もよく飲みに行く仲でした。また、A社時代の他の同期ともLINEグループではつながっていましたが、年に数回ほど数名での飲み会の案内が来る程度でした。

　X氏が勤務するスタートアップのプロダクトは大手メーカーにも使われていて、X氏はA社の部門Bの役に立てると考えていました。そこで、Y氏とZ氏と3人で飲んでいる時に「部門Bの担当者を紹介してくれないか?」と聞いてみたところ、2人は「部門Bとはほとんど接点がないから難しい。でも、今度うちの会社でも公式にアルムナイとのつながりを強化すると聞いた。後日登録のプロセスを聞いたらXに伝えるから、そこに登録して紹介を依頼してみたらいいんじゃないか?」と言われました。

　X氏は、部門Bにつながれるかもしれないことはもちろんですが、それよりも辞めても好きだった会社と改めてつながれることを嬉しいと感じていました。後日、別の同期からグループLINEに送られてきた登録ページを見てみると、アルムナイ採用希望者登録ページとなっていて、同じ日に配信されていたプレスリリースには「過去の候補者や退職者タレントプールとして見て、採用情報を送付する」と書いてありました。

　以前から「辞めた者は二度と敷居をまたがせない」といった社風だったA社の社風を考えると、再入社を受け入れるように変わったことは企業として合理的であるし嬉しいと感じた反面、アルムナイはファミリーやパートナーではなく、タレントプールとしてしか見られておらず、再入社を考えていない自分はA社に求められていないと感じました。その後X氏がそこに登録することはなく、部門Bへの紹介を依

59

頼することもありませんでした。この時のことをX氏に聞くと、「悲し
い」と言いました。
　企業がアルムナイとの関係構築の目的を再雇用とすること自体は合
理的で、理解ができることです。ただし、再雇用だけを目的にしてし
まうと、X氏のように再入社を目的としていないアルムナイは、自分
は求められていないと感じることとなり、関係構築の可能性を絶って
しまうことになるのです。

全ての人にとって、居る理由がある場にする

　アルムナイ・リレーションシップの様々なかたちについて、詳しくは
3章と4章で後述しますが、簡単に紹介すれば、オフィシャル（公式）、
セミ・オフィシャル（半公式・公認）、アン・オフィシャル（非公式）
などの形式の違いもあれば、企業とアルムナイだけがつながるのか、ア
ルムナイ同士がつながるのかという違いもあります。また、企業はつな
がる場を提供するだけのこともあれば、運営に深く関わることもありま
す。
　そのような場づくりにおいて、私が一番重要だと考えるのは「誰のた
めの場であるか」です。
　日本でアルムナイという言葉が普及し始める前から、新卒で入社した
企業の同期のFacebookグループやLINEグループに入っているという人
は多いのではないでしょうか。年次などに関係なく、その企業のアルム
ナイ全体でのFacebookグループを有志の方が運営しているということ
もあります。このような有志による活動は、人間関係の維持やビジネス
創造など、一部の目的を持った人の集まりであるコミュニティ型が多く、
アルムナイ全員を幅広く対象とするものでないことが多いです。この場
合、ひとつから複数の強い共有価値観や共有目的のために集まるため、
参加者を限定することは理にかなっているでしょう。

第2章 ● アルムナイと良い関係を継続できる条件

　一方で、企業が理念として掲げる「企業と個人の関係」を体現する場としては、参加者を限定的としない方が良いケースが多いと考えています。もちろんこれは企業の考え方次第ですが、多様性の受容が叫ばれる時代に即した強い理念を持つ企業であれば、特定の人を排他的に扱うことはないでしょう。もちろん、秩序のある場にするために誹謗中傷をする人を排除することなどは必要ですが、ビジネスへの貢献度などで仕切りをするような世界観を、私は望ましいと考えていません。

　「**全ての人にとって、居る理由がある場所 – There is something for everyone**」──企業とアルムナイの関係について話す時、私はこの表現をよく使います。企業ごとに思想や目的は異なるものの、「再入社を希望しない人とはつながる意味がない」、「ビジネスに貢献できる人だけ選別したい」など、**一部のアルムナイを排他的に扱う企業が、アルムナイと持続的な関係を構築できるイメージが私には持てません。**アルムナイには、ビジネスのつながりが欲しい人がいれば、辞めた会社や元同僚の近況が気になるだけの人もいる。再入社したい人もいれば、辞めた会社とのつながりを通じて社会とのつながりを感じたい人もいる。今でも仕事や生活環境が辞める前と似ている人もいれば、今は仕事も生活環境も全く異なる人もいる。それでも、**同じ企業のビジョンに向かって一度は同じ釜の飯を食った仲だからこそ、お互いに排他的にならない──これが、持続的なアルムナイ・リレーションシップが成り立つ条件**です。

　私が考える理想的な企業とアルムナイのつながりは、オフィシャルからセミ・オフィシャル、そしてアン・オフィシャルなものが共存する状態です。企業として幅広いアルムナイを対象として、現役社員とアルムナイやアルムナイ同士が自由につながれる場であるオフィシャルなアルムナイ・ネットワークを提供し、そこから価値観や目的を共有する一部のアルムナイや社員によってオフィシャルかつ小さなサブ・コミュニティができあがる。また、オフィシャルなネットワーク上のつながりから有志コミュニティができあがったら、セミ・オフィシャルなコミュニテ

61

ィとして企業が支援する。このような状態ができれば、まさに「全ての人にとって、居る理由がある場所」を実現できると考えています。

> ### ストーリー オフィシャルとアン・オフィシャルの共存

ITコンサルティング企業XYZ社のアルムナイには、事業会社で事業開発の仕事をしている人、競合他社で働いている人、特定のプロダクトを開発しているスタートアップ企業に勤務する人、個人事業主としてITコンサルティングをしている人など、ビジネスのつながりを求めている人が多く、元XYZ会というFacebookグループには100人ほどのアルムナイが登録していました。100人という数はXYZ社の規模からすると少ないものの、ビジネスが大好きな人が集まっていて、アルムナイからイベントや勉強会、そして求人やプロダクトの案内などが投稿されていました。

起業家であり元XYZ会の発起人のA氏は、同じ想いを持った熱量の高いアルムナイ・コミュニティのすばらしさを感じつつ、継続していく上での課題も感じていました。課題とは、まず、参加者がスタートアップやコンサルティング界隈で同質化したことです。協業の種類が限定されてきたことから、例えば事業会社で社内ITの仕事をしているアルムナイや、パートで仕事を探しているアルムナイなど、アルムナイ同士でのつながりの種類を増やしたいと思っていました。また、企業側と公式にコラボレーションをする機会をつくれていなかったこと、体制やコスト面で、安定して運用できる仕組みをつくれていないことも課題でした。

そんな時に、XYZ社の人事部がオフィシャルなアルムナイ・ネットワークの構築をしようとしていることを耳にし、同期で人事部にいるB氏経由で担当者に連絡をしました。B氏からは「会社としては、退職後も自社のファンでい続けてもらえるような場にしたいため、ビジ

ネスのつながりを考えている人だけに登録者を限定するつもりはない」ことや、「企業とアルムナイ間だけでなく、アルムナイ同士が様々なつながりをつくれる基盤にしたいので、ビジネスのつながりを求めている人にも知ってもらいたい」という狙いを聞きました。そして「一時的な取り組みではなく永続的なものにするためにも、会社としてのROIとなる再雇用、業務委託先獲得、代理販売可能なサービスの発掘、顧客企業の発掘などの目的も明確に伝えて取り組んでいく」という方針を聞きました。

　そこでA氏は、アン・オフィシャルな元XYZ会をセミ・オフィシャルなかたちにしてもらうことで、オフィシャルなアルムナイ・ネットワークの登録者に元XYZ会の紹介をしてもらうことや、元XYZ会と人事部の共催イベントなどを提案しました。逆に人事部からは、オフィシャルなアルムナイ・ネットワーク内のサブ・コミュニティの一部にA氏が参加することや、元XYZ会登録者への案内などを相談されました。オフィシャルとセミ／アン・オフィシャルなつながりの共存が実現したことで、より多様な交流が生まれるようになりました。アルムナイには、どちらかひとつだけ、もしくは両方に登録をするという選択肢が生まれ、セミ・オフィシャルな元XYZ会は登録者数が倍の200名ほどになり、新しく立ち上がったオフィシャルなアルムナイ・ネットワークの登録者はすぐに1,000名を超えました。

　A氏や他数名が、オフィシャルなネットワークやサブ・コミュニティと元XYZ会のハブ人材として双方を行き来することで、その後も共存関係がうまく機能しています。オフィシャルなネットワークを活用してXYZ社とアルムナイの間で協業や業務委託の案件が生まれたり、再雇用が発生しているため、企業として一定の投資が続けられており、双方のコミュニティ／サブ・コミュニティのバラエティが増え、協力者が増えたことから、イベント等の満足度や参加率も高く維持されています。

③懐かしさと新鮮さ

変わったところと変わっていないところ

アルムナイと良い関係を継続する条件、その3は「懐かしさと新鮮さ」です。

突然ですが、想像してください。卒業から十数年間経って初めて開催された小学校や中学校の同窓会で、ずっと会っていなかった同窓生に、あなたは話しかけられますか。卒業後も会っている友達が到着するまでの間は、なかなか話しかけられないのが普通だと思います。また、母校の校舎が全面的に建て替えられていたとしたら、特に懐かしさを覚えず、形容しがたい感情になりそうです。そして、昔のいじめっ子が、30年前と全く同じようないじめ方をしてきたり、隣の席だった子が30年前と同じようなくだらない冗談ばかりを言い続けていたら、どう思うでしょうか。

何を言いたいかというと、私たちは、過去に接点があった人やものと再び接点を持つ時、そこに**懐かしさと新鮮さの両方を感じると、好印象を持ちやすくなる**、ということです。全てが変わってしまっていて懐かしいところがないと、ノスタルジックな気分になるきっかけがないからです。一方で、いじめっこのように、特にネガティブな印象を想起させるところが全く変わっていないと、悪印象を抱きます。その頃のネガティブな感情が蘇り、ポジティブな感情を打ち消してしまうのです。ネガティブ感情を抱くまでではないにしても、時を経て進化していてほしかったことが進化していないと、関係を再構築しようという気持ちにならなかったりします。

これは企業がアルムナイ・リレーションシップを構築する際にも同様で、社員として在籍時に共感していた理念や考え方が変わっていないことが伝わったり、在籍時の青春を思い出すようなきっかけをつくったりすることが重要です。その一方で、当然ながら企業側も個人側も進化し

ているため、年々進化している点を伝えることも必要です。以前の組織
課題が改善されているような内容もあれば、長所が時代の変化に合わせ
てアップデートされたこともあるでしょう。そのような懐かしさと新鮮
さの両方が伝わるようなコミュニケーションを意識することで、アルム
ナイとの距離が一気に縮まるはずです。

みんなが認識する "儀式" がある組織

　アルムナイのアイデンティティが非常に強いといわれるのが、スター
バックスやマクドナルドなどです。こうした企業には熱狂的な社員が多
く、社員ならみんなが認識している強いカルチャー、社内用語、そして
リチュアル（儀式的な行為）といった、その企業の代名詞のようなもの
があります。

　往々にして、このような強い代名詞は好き嫌いがわかれるものです。
それに、入社当初は合うと思っても、入社後しばらく経って、自分には
合わなかったと思う人も出るでしょう。同様に、アルムナイの中にも、
それをよく思う人もいれば、そうでない人もいます。そうした、日々現
場で体現され活用されている用語やカルチャーなどが、企業が掲げる現
在の理念やビジョンに合わなくなっているのであれば、アップデートが
必要です。一方で、現在も企業の理念やビジョンに合うのであれば、そ
れがアルムナイにとってのアイデンティティの軸になりますので、アル
ムナイとの関係構築の中でも大切にしたいものです。

> **ストーリー**　**独自の乾杯の発声で一気に縮まった距離**
>
> 　会社独自の用語には、パワーがあります。これは、大手食品会社X
> のアルムナイ・コミュニティ発足パーティでの出来事です。数十名の
> アルムナイが参加していました。開始30分前の開場と同時に、少し
> ずつアルムナイが到着し始めています。X社に在籍していた頃に異動

も多く、社内での知り合いが多かった発起人のA氏が個人的な知り合いに声をかけて集めたこともあってか、参加しているアルムナイ同士は挨拶をするものの、まだ少しよそよそしさがありました。

そのまま開始の時間を迎え、A氏が乾杯の挨拶へ。X社では乾杯をする際、オリジナルのかけ声がありました。A氏が挨拶の最後にそのかけ声を発した途端、参加者からは懐かしさや親しみからか、一気に「おおおー！」という声が上がりました。皆、周囲の人と大声で乾杯をし、そこから一気に会話が盛り上がりました。

④辞め方改革とオフボーディング

日本人は「やめる」ことが苦手？

企業がアルムナイと理想的なつながりを継続できる条件の４つめは、「辞め方改革とオフボーティング」です。

雇用関係はよく婚姻関係にたとえられます。婚前契約の一部に「夫婦財産契約」というものがありますが、婚前契約は日本ではまださほど普及していないのに対して、婚前契約の発祥地とされるイギリスをはじめとした欧州諸国やアメリカでは婚前契約の普及が進んでおり、アメリカの調査会社Harris Pollが2022年に実施した調査[6]によると、調査に回答したアメリカ人成人の42％が婚前契約の締結に前向きで、結婚経験者、または婚約中の回答者の15％が婚前契約を結んでおり、未婚の回答者の35％も将来結婚する時には婚前契約を締結する可能性が高い、と回答したそうです。

日米でこのような差がある理由のひとつとして、何かを「やめること」や「始める前からやめることを想定することが苦手」という、日本人や日本社会の特徴があると考えられます。もちろん、婚前契約については

経済面等の理由もあるでしょうが、このような日本の文化的背景も影響しているのではないでしょうか。

ビジネスで言えば「新規事業」が代表格です。最近は大企業などでの新規事業立ち上げ時に撤退ラインを決めてからスタートするという話を聞くことが増えてきましたが、以前は新規事業を始める前に撤退ラインやマイルストーンは特に定められず、さらに一度始めるとなかなかやめる決断がされないものでした。やめることで携わった人たちの評価が下がるといった構造的な理由もありますが、これも「やめないこと」が美学とされてきた日本社会の文化ではないかと考えています。昔なら新規事業担当者が「もし仮に新規事業が成功しなかった場合に……」などと言おうものなら「君は取り組む前から成功しなかった時のことを考えているのか？　そんな人間がやって成功するわけがない！」という言葉が飛ぶ光景があったのではないでしょうか。

しかし、日本人や日本企業は、一度始めたことでも途中でやめることに柔軟になるべきです。本書の、企業側の文脈で言えば、**「退職者は一定数出るもの」と考え、離職に備えること。さらには、退職者との「良い別れ方」に備えておく「辞め方改革」**が必要だということです。

「辞め方改革」は入社前から始まっている

「備える」と言えば、この言葉が想起されます。「Hope for the best and prepare for the worst.」――一般的に「備えあれば憂いなし」と意訳される英語の表現ですが、この文章で私が重要と感じるのは「Hope for the best」の部分です。「備える＝最善を望んでいる」ということであり、この「望む」ことがとても重要です。

婚前契約や新規事業のマイルストーン設定も、事前に最悪の状態を一度想定して準備をするのですが、それは、うまくいかないと思うことではありません。始める前にお互いの期待、望みが明確に共有されることで、ズレが大きければその関係（結婚の場合は婚姻関係、新規事業の場

合はその事業）を始めないという選択ができますし、開始後にズレや障害が出た場合も解決に向けて、建設的な議論ができます。

　一方で、日本の企業の雇用関係における「婚前契約」の内容はどうだったでしょうか。新卒入社者の約３割が３年以内に離職をするといわれ始めてからかなりの期間が経つにも関わらず、新卒採用面接では面接官から「貴方はこの会社で10年後に何をしていたいですか？」というような趣旨の質問が行われ、候補者は10年後にその会社にいる可能性が低いと思いながら本音を隠して回答をする。そして「総合職」として採用される候補者は、入社後に「どこで」「どのような」仕事をするのかわからないまま内定を受諾する。そのような曖昧な相互期待のまま、「本社での人事職」を希望していた新入社員は、自分を「地方都市の営業担当」にした企業を酷いと言う。逆に、面接で自社での10年後のキャリアを語りながら３年で辞めた社員のことを、企業は裏切り者と呼ぶ。このようなことが繰り返されてきたのではないでしょうか。

　神戸大学大学院経営学研究科の教授であり、アルムナイ研究所のアドバイザーでもある服部泰宏氏の書籍『日本企業の心理的契約：組織と従業員の見えざる約束』（2011年、白桃書房）によると、日本企業の雇用には「雇用関係の開始に先立って成立し、法律によって履行を担保される『文章化された契約』だけでなく、組織参入前、そして参入後に形成される『書かれざる約束』をもふくめた、相互期待の総体をもって、『契約』とみなす点に特徴がある」といいます。

　過去、多くの日本企業では入社者と心理的契約のすり合わせをしてきませんでした。そのためもともとズレがあった相互期待が、時代の変化と共にさらに大きくズレていったといえます。退職後も良いアルムナイ・リレーションシップを継続するための条件のひとつは、入社前から既に始まっているのです。

ピーク・エンドの法則

　入社前以外にも、気にすべきタイミングがあります。皆さんが家族や友人とレストランに行くシーンで考えてみましょう。アラカルトで頼んだ食事はとても美味しく、サービスも素晴らしかったので、満足しながら会計をお願いすると、電話で予約をした時には利用可能と聞いていたクーポンがコースでしか使えないと伝えられます。予約時には可能と聞いていたため納得がいかないあなたは、どうにか適用してくれないか交渉をするものの聞き入れてはくれず、挙句の果てには「電話の録音などの証拠がない限り、スタッフが言ったと証明できないためクーポンの適用はできない」と言われました。

　あなたはこのレストランをどう評価するでしょうか。「食事やサービスは素晴らしかったが、従業員の教育や情報の連携には改善の余地がある」、といったところでしょうか。感情的にはそれよりもネガティブで、もしもその場にいなかった知人に「あのレストランどう？」と聞かれたら、「最悪だった。絶対に行かない方がいいよ」と伝える方もいるかもしれませんね。

　このような現象には「ピーク・エンドの法則」が影響します。これは2002年に心理学者・行動経済学者のダニエル・カーネマンが提唱したもので、人の経験や物事に対する印象は、絶頂期であるピークと終わりのエンドの影響で決まるというものです。例えば、先ほどの例では食事やサービスが素晴らしかったというピークがあったにも関わらず、会計というエンドで問題があったために、このレストランでの体験全体に対する印象が悪くなってしまったということです。この「ピーク・エンドの法則」は「終わり良ければ全て良し」という意味で使われていることもありますが、本来の意味はそうではなく、人が経験や物事に対してポジティブな印象を持つには、ピークとエンドの両方が良い必要があるということです。先ほどの例で、逆に食事は美味しくなかったのに、最後の会計ではとても丁寧な対応で、特別にクーポンを適用してくれたとした

図2-3 ピーク・エンドの法則

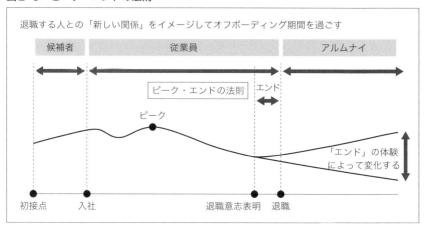

らどうでしょうか。知人に「最悪だった」とは言わないかもしれませんが、「最高だった」とも言わないのではないでしょうか。

これを図2-3のように、ある人の、ある企業における経験に置き換えてみましょう。個人側の感情の推移を見てみると、一般的には入社前の選考プロセスで期待が高まることによって入社を決めます。入社後には期待のズレなどによって一時的に下降傾向になる人もいるでしょうが、多くの人はどこかの時点で「ピーク」を迎えます。図の通り、そのピークのまま、またはそこから大きく下降せずに退職を迎える方も増えてきていますが、それでもピークからは下降したことにより退職を考える人が多いでしょう。「エンド」は退職の意志表明をしてから退職するまでの期間です。上長との退職交渉や引き継ぎ期間などを経て、最終的に人事との退職面談などを経て退職日を迎えます。このエンド期間が良い体験になっていないことが多々あります。

皆さんも、新規入社者が組織に馴染み、仕事を覚え、早期に戦力化するためのオンボーディング期間の重要さを感じることは多いと思います。オンボーディング研修などの教育はもちろん、受け入れ側に対してもオ

第2章 ● アルムナイと良い関係を継続できる条件

ンボーディング期間中の「Do's／Don'ts」（するといいこと／しないほうがよいこと）のようなアドバイスや人事からのサポートがあることが一般的です。一方で、**退職時の「オフボーディング」に関しては、辞める側の退職者に対しても、辞められる側の上司や同僚に対しても手薄**で、「Do's／Don'ts」のようなアドバイスもなければ、人事からのサポートもオンボーディングほどではありません。そのため、退職者にとってのエンドにあたるオフボーディング体験は現場任せになっていて、退職者にとって最悪の体験になっていることも少なくありません。例えば次のようなケースです。

ストーリー ⬛ **ファンでなくなるオフボーディング**

　数年前、筆者の知人A氏が新卒で入社してから10年働いた大企業を退職して、同業界のベンチャー企業に転職することを決意しました。転職する前のA氏は、「私はこの会社の大ファンです」と公言し、常に会社のサービスを勧めてくる"自他共に認める会社大好き人間"でした。

　A氏が退職する時に携わっていた富裕層向けの事業では、様々な商品やサービスをパッケージとして販売していて、富裕層向けのパッケージは全て高額な商品やサービスで構成されていました。一方で、通常のパッケージには高額な商品やサービスの一部を組み込んで販売することはありませんでした。1人のユーザーとして、もっと多くの若い人にも体験してもらいたい商品やサービスがあるものの、富裕層向けのパッケージでは手が届かないと考えたA氏は、通常のパッケージの一部に高額商品を組み込むことを社内提案しましたが通りませんでした。その頃、同じ想いを持ってそれを事業としているベンチャー企業に出合いました。そのベンチャー企業で、お金がまだあまりない若いお客さん向けに高額サービスを一部体験できるパッケージを提供し、将来的にそのお客さんの所得が上がった時に、前職となる今の会社に

71

紹介できたら素晴らしいと考えました。

　そうして転職することを決意したA氏は、会社や仕事が大好きであることと、その上で転職の決断に至った経緯を直属の上司に伝えました。退職することは受け入れてくれたものの、そこから上司の態度は大きく変わりました。転職先の会社をボロクソに言われたり、お客さんに転職のことを伝えただけで「顧客の引き抜き行為だから訴える」と言われたり、「今の成果は会社の力で、お前の力は関係ない」と言われて、人事評価で最低点を付けられたりと、退職が決まってからのA氏の体験は耐え難いものでした。会社に迷惑をかけないためにと、転職の3カ月以上前に転職の意志を伝えたA氏は、この状況で数カ月も仕事を続けることとなり、最終的には体調を崩してしまいました。

　会社大好き人間だったA氏がその会社のファンでなくなってしまったことは明らかでした。会社の悪口を言って回ることはしませんでしたが、一連の経緯を知っている家族や友人はその会社のサービスを利用しなくなりました。また、A氏の退社前の数カ月を近くで見ていた後輩数名は上司や会社に対する不信感から、A氏の後を追って退職しました。その際、退職までの数カ月をA氏と同じような状況下で仕事をしたくないと考えた後輩たちは、転職先への入社日を決めた上で、就業規則で定められているギリギリのタイミングまで待ってから退職届を出したそうです。[7]

　退職と同時に縁が切れてしまい、アルムナイ・リレーションシップが構築できていないことには退職する側の「辞め方」と、退職される側の「辞められ方」に大きな理由があります。そこで、私たちは「辞め方改革」という考え方を提唱しています。誰かが退職する時に、本章で紹介したような批判的な企業側の対応を見た社員は「自分はあんな体験をしたくない」と考え、自分が退職する時には急に辞めたり、退職代行を使ったりするかもしれません。すると、企業側は「退職者は迷惑をかける

やつばかりだ」と、退職者にもっと批判的になる、というネガティブな
サイクルが発生してしまいます。ですから「辞め方改革」──企業と個人
の双方にとってポジティブなオフボーディング体験を通じて、その人が
退職した後も、お互いにつながるための「辞め方」を実現することが重
要です。

　一方で、既述した通り、「エンド」だけ、オフボーディング体験だけ
を改善すれば良いわけではありません。入社時から在籍時、そしてオフ
ボーディングまでの一貫性のある人材マネジメントが重要になります。

注

1　国税庁サイト『退職金と税』
　　https://www.nta.go.jp/publication/pamph/koho/kurashi/html/02_3.htm
2　アクセンチュア社アルムナイサイト
　　https://www.accenture.com/jp-ja/careers/explore-careers/area-of-interest/alumni-careers
3　マッキンゼー社サイト
　　https://www.mckinsey.com/careers/meet-our-people/careers-blog/always-a-part-of-mckinsey-family
4　ペイパル・マフィア：イーロン・マスクやピーター・ティールなどを含む「天才実業家集団」と
　　呼ばれる人たち。1998年にオンライン決済サービスのペイパルを協働創業したメンバー。
5　アルムナイ研究所「過去在籍した企業との交流と協業の可能性」に関する調査結果
　　https://alumni-lab.jp/survey1/
6　Brief,More Couples Are Signing Prenups Before Saying "I Do",July 12, 2022
　　https://theharrispoll.com/briefs/popularity-of-prenups-rising-2022/
7　本ストーリーは、筆者の鈴木が「HRオンライン」（ダイヤモンド社）に寄稿した文章を一部編集・
　　抜粋の上、転載したものです。『「退職したら関係ない！」はあり得ない──適切な「辞められ方」
　　「辞め方」を考える』https://diamond.jp/articles/-/305263

第 **3** 章

関係構築の
ステップとポイント

第3章では、企業が実際にアルムナイ・リレーションシップを構築する際に踏むべきステップや、注意すべきポイントなどを見ていきます。

アルムナイとの関係構築 ステップの全体像

目指す関係によってカスタマイズ

　1・2章で触れた通り、アルムナイ・リレーションシップにはさまざまなかたちがあります。オフィシャル（公式）、セミ・オフィシャル（半公式・公認）、アン・オフィシャル（非公式）などの形式の違い、そして企業とアルムナイだけか、アルムナイ同士だけか、その両方かというつながる対象の違い。また、1-nのつながりなのか、n-nのネットワークなのか、それとも目的別のコミュニティなのか、というようにです。

　なかでも本書では、企業公式のアルムナイ・リレーションシップを構築するために、企業とアルムナイ、そしてアルムナイ同士のつながりがあるネットワークをつくり、それを活用して必要に応じて個別のコミュニティをつくるかたちについて説明していきます。

　様々な事例を紹介しながら説明をしていきますが、アルムナイ・リレーションシップには**全ての企業や組織にぴったりと当てはまる汎用的な型があるわけではなく、それぞれの目指す関係や文化、企業規模や業種、そして人や関係に合わせてカスタマイズする必要があります**。自社らしいつながり方の、自社らしい始め方を検討するベースとしてご活用ください。

　本書ではまず、自社が目指すリレーションシップの姿（TO-BE）の設定を完了した上で、現状（AS-IS）を把握し、そのGAPを埋める計画と運用や、施策について考えていきます。実際にプロジェクトを進める際にはAS-ISの把握とTO-BE設定などの工程間を行ったり来たりしながらつくり上げていくことになります。そのため、以下に述べるプロセスは、あくまでひとつの例として読み進めていただければと思います。

第3章 ● 関係構築のステップとポイント

本章でご紹介する関係構築のステップの全体像は、以下の通りです。

■**目指す姿（TO-BE）の定義**
　①理念を言語化する
　②共創のかたちを選ぶ
■**アルムナイジャーニーの作成**
　①５つのフェーズを知る
　②目指す姿と現状のGAPを把握する
　③ジャーニーマップをつくる
■**GAPを埋める計画と運用**
　①つながりのかたちを考える
　②つながるためのツールを選定する
　③運営方針・プロジェクト体制を検討する
　④スケジュールを作成する
　⑤予算の考え方
　⑥施策を実施する

目指す姿（TO-BE）の定義：
①理念を言語化する

浸透しているようでしていない「企業と社員の関係」

　目指す「企業（自社）とアルムナイの関係の姿」（TO-BE）を定義していきます。ここで大切なのは「企業と社員の関係」、「企業と個人の関係」、そして「企業とアルムナイの関係」に関する理念が矛盾していないことです。そのため、この３つの関係について考えていきましょう。

　最初は「企業と社員の関係」についてです。あなたが「御社が目指す『企業と社員の関係』をどのように表現しますか？」と聞かれたら、何

と答えるでしょうか？　おそらくこの問いは、同じ企業に所属している同僚でも「企業と社員はファミリー」、「企業と社員は対等なパートナー」、はては「雇用契約の下、主従関係にある二者」など、多岐にわたるでしょう。このように、バラバラな答えになってしまうのは、「企業と社員の関係」に関する理念が言語化・明文化されていない場合です。一般的には社員数が多い大企業の方が言語化され、社内外に浸透させるために明文化（社訓等に明記）されていることが多い一方、社員数が少ない中小企業においては、言語化されていなかったり、言語化はされていても明文化までしていないということも珍しくないでしょう。そしてこれは言語化や明文化さえすれば浸透するかというと、必ずしもそうではなく、社員によって体現されることによって伝わり、浸透していくものです。しかし、浸透に向けたスタート地点は「言語化」「明文化」であるため、このステップを飛ばすわけにはいきません。

拡張組織における「企業と個人の関係」

　次は「企業と個人の関係」に関する理念について考えます。業務職種に限らずイノベーションが求められる今の時代においては、「人材版伊藤レポート2.0」にもある通り、社内人材だけに限らず社外人材も含めて必要に応じて「動的な人材ポートフォリオ」を構築することが必要となります[1]。これは、企業の経営者や人事が「組織」として見るべき範囲が、社内人材だけから社外人材を含むかたちに変わり、組織が拡張していることを意味します。このように社外人材を含む「拡張組織」を実現できる企業は大きな可能性と強い競争力を持ちますが、どうしたら拡張組織になれるのでしょうか。

　昨今、企業と個人の関係は「囲い込み型」から「選び、選ばれる関係」になってきています。特に高い専門性を持つ人材の多くは、既に雇用によらない働き方を選択し、ポートフォリオ型（複数の収入源を持つ働き方）で仕事をしているでしょう。

そうした状況で企業が個人に「選ばれる」ようになるには、業務内容や報酬、働き方に加えて「企業と個人の関係」に関する理念や姿勢がとても重要となります。例えば「社員は家族だが、派遣社員は家族ではない」、「企業と社員は対等なパートナーだが、業務委託の人は対等ではない」といった、雇用や契約形態で人材を区別するような姿勢を持つ企業が、優秀な社外人材に選ばれるでしょうか。組織のあり方が変わる中で、拡張組織に合わせて、「社員」以外も含めた「人」に対する考え方が本当に望ましいものになっているかを確認し、「企業と個人の関係」に対する理念や姿勢をアップデートすることが不可欠なのです。

「企業と社員の関係」のアップデート

「選び、選ばれる関係」となれば、もはや社員もいつ辞めるかわからない存在ですし、プロを雇用するとは、社外にとっても魅力的な人材を惹きつけておく、ということです。

> 「Train people well enough so they can leave, treat them well enough so they don't want to.」
>
> （筆者による意訳：社員がいつ会社を辞めても問題がない実力があり、この会社の雇用に依存しなくなるくらいの社員に育てよう。その上でその社員がこの会社を去りたくないと思ってもらえるくらい、良い関係を築こう）

これは、航空、鉄道、宇宙、ホテルなど様々な事業を手掛けるヴァージン・グループの創設者リチャード・ブランソン氏の有名な言葉です。この発言の正確な年月はわかりませんが、少なくとも2014年には本人がこの言葉をTwitter（現X）で投稿していて、それよりも以前から発言していたと見られます[2]。

これに近しい考えが感じ取れる日本企業のトップの発言としては、

2019年1月の年頭挨拶でトヨタ自動車の豊田章男社長（当時）のものがあります。「強いプロのチームとは」という文脈の中で、社員に向けた発言です。

> 「皆さんは、自分のために自分を磨き続けてください。トヨタの看板が無くても、外で勝負できるプロを目指して下さい。私たちマネージメントは、プロになり、どこでも闘える実力を付けた皆さんが、それでもトヨタで働きたいと、心から思ってもらえる環境を作りあげていくために、努力してまいります」[3]

　日本を代表する企業であり、いまだに長期的な雇用を大事にしているトヨタ社のトップの発言は、まさに同社における「企業と社員の関係」に対する理念が、「会社のため」ではなく「自分のため」、そして「囲い込み型」ではなく「選び、選ばれる関係」へとアップデートされていることを表しているのではないでしょうか。これはあくまでヴァージン・グループのような海外のコングロマリット企業や、日本の大手製造業の例であって、このまま他の企業に当てはめられるものではありませんが、アルムナイ・リレーションシップを構築されている企業においては、このような**「お互いにプロとして選び、選ばれる関係」という理念**を持っている企業が多いと感じます。これは過去に一般的であった「雇用関係の下での主従関係」とは真逆のような思想でしょう。

　アルムナイ・リレーションシップを構築されている企業が「企業と社員の関係」を表現する際によく使われるもうひとつの言葉に「ファン化」という言葉があります。これも「雇用関係の下での主従関係」とは真逆の考え方で、その企業を離れても、企業が提供するサービスや商品、またその企業という組織自体へのファンでいてもらう、というものです。この「ファン化」は、企業と社員が対等ではなく主従関係のような組織にとっては「プロとして選び、選ばれる関係」よりも難易度が高い関係

性かもしれません。

「企業とアルムナイの関係」との矛盾はないか

　繰り返しになりますが、**大切なのは「企業と社員の関係」、「企業と個人の関係」そして「企業とアルムナイの関係」、この３つに関する理念が矛盾していないこと**です。そのためにもまず最初に「企業と社員の関係」の言語化、そして次に社外人材を含めた「企業と個人の関係」に目を向けた上で、「退職する可能性がある社員との関係」に触れました。「企業と社員の関係」や「企業と個人の関係」に関する理念を表す言葉は他にも多々ありますが、ここで一度話を「企業とアルムナイの関係」に戻します。

　近年、企業がアルムナイを再雇用する「アルムナイ採用」という言葉が注目をされていることから、「企業とアルムナイの関係」を「再雇用のためのタレントプール」と表現する企業があります。それ自体の善し悪しは問いませんが、**それが自社の目指す「企業と個人の関係」や「企業と社員の関係」と矛盾していないかは十分な検討が必要です。**仮に「社員とは終身雇用関係ではなく終身"信頼"関係を築く」ということを目指しているにも関わらず、アルムナイとの関係を「再雇用のためのタレントプール」と表現していたら、社員はどのように感じるでしょうか（２章①も参照）。

　別の例として、「社員と会社は（対等なパートナーというわけではなく）雇用契約の下に主従関係にある」といった考えを持つある企業が「アルムナイに当社のファンでいてもらいたい」と言ったら、社員やアルムナイは違和感を抱くでしょう。

　そのような矛盾や違和感がない「企業と社員の関係」、「企業と個人の関係」、そして「企業とアルムナイの関係」、この３つの理念を言語化することから始めましょう。いきなり企業としての公式な明文化まではできない場合が多いと思います。その場合は、まずは担当者として、この

3つの関係をどのような関係にしたいか言語化して、ご自身がそれを体現すれば良いのです。

　参考までに、実際に企業でアルムナイ・リレーションシップ（ネットワーク）を担当している方は、どのような言葉で自社とアルムナイとの関係を表現し、アルムナイにどのようなメッセージを出しているのか、少しご紹介しましょう。

【アルムナイとは自社にとってどんな存在か？】
トヨタ自動車株式会社　深江堅允さん、楠元太平さん、松野早久良さん、李寛子さん、種林萌子さん

社会との懸け橋―外の世界と繋がることができる一番近い存在[4]

パナソニック オペレーショナルエクセレンス株式会社　坂本崇さん、本田慎二郎さん

現役社員とつながりのあるアルムナイがファンでいてくれる[5]

【アルムナイと自社の理想的な関係は？】
中外製薬株式会社　黒丸修さん、山本秀一さん、山本由佳さん

アルムナイにとって中外で働いたことがプライド・頑張りの源泉となること、情熱ある人財をより引き付けられる会社となることを目指す[6]

KPMGコンサルティング株式会社　吉田有佐さん　岡井谷佳奈さん

アルムナイにとっての『キャリアのホームタウン』となる。拠り所があるからこそ新しいことにもチャレンジできる

※いずれも所属はメディア等掲載当時のもの

第3章 ● 関係構築のステップとポイント

目指す姿（TO-BE）の定義：
②共創のかたちを選ぶ

綺麗事から始める

「企業と社員の関係」、「企業と個人の関係」、そして「企業とアルムナイの関係」、この３つの理念を言語化できたでしょうか。こうして目指す姿と今の現状を比べると、多くの企業が、その両者がとても乖離している状態だと思います。それは当然ですし、理念と言動に矛盾があることは避けられません。そのような矛盾を指摘して、「貴方の言っていることは綺麗事だ」と変革に横槍を入れる勢力も出てくるかもしれません。でも、誰かが綺麗事から始めないと変革など起きません。今は矛盾、GAPがあることを認めた上で、大いに綺麗事を言い、変革への歩みを進めましょう。綺麗事は、実現すれば綺麗事ではなくなるのです。

「共創のかたち」を考える

自社の「企業とアルムナイの関係」に対する理念が言語化できたら、その理念や自社のアルムナイの特徴に合った、アルムナイとの「共創のかたち」を考えていきましょう。具体的なステップは後述しますが、ここでは１章で触れたアルムナイという人材の特徴と多様な「新しい関係」を振り返りながら、共創のかたちの例を挙げていきます。ぜひこの枠に囚われすぎずに自社に合った共創のかたちを見つけてください。

〈共創のかたちの種類〉
①社外のビジネス共創パートナー
・共にイノベーションを生み出す関係
・情報・意見交換関係
・販売代理・顧客紹介関係

83

②社外の組織共創パートナー
- ・組織フィードバックを行う・受ける関係
- ・社員向けセミナー登壇・メンタリング協力関係

③企業やサービスのファン
- ・顧客・ユーザー関係
- ・商品・サービスのアンバサダー・口コミ関係
- ・採用ブランディングに寄与する関係
- ・就職を勧めてくれる関係（リファラル採用）

④社内に戻ってきてくれる関係
- ・再入社する関係（アルムナイ採用）
- ・業務委託（副業やフリーランス）関係

①社外のビジネス共創パートナー

　退職後も、出身企業の業種と近い領域にいることが多く、出身企業の内部事情や情報を知りながら、「社外」も知る複眼視点を持つアルムナイは、貴重なビジネスパートナーです。様々なかたちで一緒にビジネスを創るパートナー関係を築きましょう。

●共にイノベーションを生み出す関係：アルムナイとイノベーションをかけて <u>**「アルムナ"イ"ノベーション」と私が呼んでいるのが、アルムナイと社員で起こすイノベーションです。**</u> この呼び方自体は普及していないものの、多くの企業が実践している共創のかたちです。
　図3-1に、社内人材で検討して新しいことを発案しようとする場合と、アルムナイと一緒に模索するアルムナ"イ"ノベーション、社外人材と広くつながって狙うオープン・イノベーションとの比較を記載

しました。1章でも触れましたが、社内と社外の両方を知るアルムナイは、『両利きの経営』で語られている知の探索と知の深化の両方が必要なイノベーションにおいて企業の最適なパートナーとなると考えています。退職してから身に付けた能力や経験に加えて、在籍していた際に身に付けた企業特殊的能力を生かすことができるため、所属していた企業と協業したいと考えるアルムナイも少なくありません。具体的には、アルムナイとの事業やサービスの共同開発のようなものから、社内新規事業コンテストやアイデアソン[7]の運営や共催など、実際に多くの企業が様々なかたちでのアルムナ"イ"ノベーションに取り組んでいます。

図3-1　アルム"ナ"イノベーションとその他のイノベーションの違い

	クローズド・ イノベーション 社内人材	アルムナ "イ"ノベーション 社内人材＋アルムナイ	オープン・ イノベーション 社内人材＋外部人材
知の融合	ウチ	ウチ／ソト重なる	ウチ＋ソト
知の探索	弱い	強い	強い
知の深化	強い	強い	弱い
相互信頼獲得	早い	早い	時間がかかる場合がある
特徴	実行に強い	新規アイデア創出・ 実行共に強い	新規アイデア創出に強い

●**情報・意見交換関係**：社内のことをよく知るアルムナイが社外にいるということは、双方にとって重要な情報・意見交換パートナーになりえるということです。情報のINという視点では、アルムナイは単に社外のトレンドや時流を伝えてくれるだけでなく、自社の特徴を踏まえた上で情報を社内の人向けに翻訳することができる存在です。逆に情報のOUTという視点では、社内では当たり前と思っている情報が、実は社外では非常に価値が高いことを認識しています。そのため企業にとってはアルムナイと意見交換をすることで、自社の保有する情報の客観的な価値を認識でき、アルムナイにとってはそのような情報を

退職後も得られることがメリットになります。

●**販売代理・顧客紹介関係**：退職しても同業界や周辺業界にいるアルムナイが多い会社では、情報・意見交換よりもさらに一歩踏み込んで販売代理契約などを結ぶことも可能です。競合会社への転職ではないケースで顧客群が被る場合、顧客を紹介したり販売を代理できる関係はお互いにとってメリットがあり、相互紹介をしている企業も多くあります。年間売上が20億円ほどのコンサルティング企業で、毎年売上の5％くらいがアルムナイからの紹介で成り立っているというケースさえあります。

> ストーリー **社外にいるアルムナイを使い倒してほしい**
>
> アルムナイ・リレーションシップには、「社外のビジネス共創パートナー」として大きな可能性があるということを、アルムナイに語ってもらったX社の事例を紹介します。
>
> インターネット広告代理店X社は、アルムナイ・リレーションシップを強化し始めて約2年が経過していました。2年の間で、アルムナイ同士を引き合わせるピッチイベントが活発に行われていて、X社へのアルムナイのエンゲージメントは高くなっていました。そのため、顧客紹介や数名の再入社も発生している状態でした。X社は公式アルムナイ・ネットワークの2周年イベントを開くことにし、そこには現役社員も招待をして、初の社員とアルムナイの交流イベントとすることにしました。
>
> このイベントで事務局からスピーチをお願いされたのは、X社を退職して事業会社Yでマーケティングを担当しているアルムナイのA氏です。A氏はここまでの活動には満足しているものの、X社との協業を見据えて現役社員とのつながりを強化したいと思っていました。そ

こで「今まで社員との協業が限定的なのは、現場が望んでいないからなのか？」と事務局である人事部に質問してみたところ、人事部からの回答は意外にも次のようなものでした。

「人事部としてもアルムナイと社員の協業をもっと促進したいが、どうしても『アルムナイ＝再入社者を増やす取り組み』と社員に勘違いされ、自分事と思ってもらえていないようです。また、いろいろと相談するとアルムナイに嫌われるのではないかと心配している社員もいるようなので、Aさんからも社員に対して協業の可能性を伝えていただきたいです」

その話を受けたAさんは、イベント当日、以下のようなスピーチを行いました。

「X社が公式なアルムナイ・ネットワークを構築してくれたことで、在籍中には縁がなかった方たちとX社アルムナイであることをきっかけに知り合えて、今では仕事につながっているケースもあり、とても感謝をしています。一方で、X社アルムナイ・ネットワークの可能性はまだまだこんなものではないと考えていて、社員の皆さんとの協業が増えることで本当の価値が出ると思います。

私の同期でもX社に再入社して活躍している人がいます。それはそれで素晴らしいことですが、社外にいる私たちのようなアルムナイとも、もっと積極的に協業してください。社外にいるアルムナイ同士だけで協業するのではなく、社内にいる社員の皆さんとも協業することでこのネットワークの価値が高まるんです。このアルムナイ・ネットワークは、社内と社外をつなぐ貴重な懸け橋です。社外にいる私たちをもっともっと使い倒してください！　もしもどうしても無理なお願いをされたら素直に『それは無理』と断るので、この後の交流会でも気軽にアルムナイに声をかけてください！」

スピーチ後の交流会では、Aさんをはじめ多くのアルムナイと社員が協業について前向きに議論をしました。

②社外の組織共創パートナー

退職した後も、過去に所属していた会社が良い会社であってほしいと願うアルムナイは多いものです。ですから、より良い組織を創るために協力関係を結ぶことも難しくありません。

●組織フィードバックを行う・受ける関係：<u>自社組織を知り、他の組織を知ったアルムナイの会社に対する意見は、組織を改善する上でとても貴重です。</u>多くの企業が退職時にエグジットインタビューを行い、退職理由や組織に対する意見を聞いていますが、その場では本音や有益な情報を得られないケースも少なくありません。理由は大きくわけて２つあり、ひとつは退職者側に「伝えるモチベーションがない」ということ、もうひとつは「問いに対する答えを持っていない」ということです。

「伝えるモチベーションがない」のは、２章の「ピーク・エンドの法則」のところで触れましたが、退職に向けて組織に対するエンゲージメントが下がっていることが多いためです。退職意志を伝えてからのオフボーディング体験（退職者に対する周囲の態度）が悪いとなおさらで、「この人たちに伝えても意味がない」「伝えて揉めるくらいなら黙っておこう」と口を閉ざしてしまうこともあります。

２つめの、「問いに対する答えを持っていない」というのは、特に新卒入社をして初めての退職に多いケースです。他の組織のことを知らないため、絶対評価はできるものの、相対評価ができないということです。こういう場合は退職者と退職後も関係性を維持し、退職から３カ月後・６カ月後・１年後などのタイミングで改めて組織に対するフィードバックを聞くと、「このような制度は他社の水準に比べて劣っているので、改善しないと退職が減らないのではないか」「在籍時には気づいていなかったが、部門には実はこんな問題がある」など、社外を知ってからこそわかる改善点や問題を話してくれる可能性があります。

第3章 ● 関係構築のステップとポイント

　逆に、「在籍時は当たり前と思っていたことが、外に出てみたらそれは当たり前ではなく、とても恵まれていたことに気がついた」というような、自社に対するポジティブな発見も当然あり、そうしたアルムナイの意見を候補者や社員に対するエンプロイヤー・ブランディングの要素として活用することもできます。

●**社員向けセミナー登壇・メンタリング協力関係**：社員の**離職率改善や**
リテンションのために、社員向けのセミナー等にアルムナイに登壇を
依頼しているケースも増えてきています。

　「今の仕事を続けることで自分の市場価値は高まるのか」と感じている若手社員は少なくありません。そうした彼らに対して客観的な意見を伝えられるのは、その若手社員を社外に「売り込む」立場である人材紹介会社でもなければ、社内に「囲い込みたい」かもしれない人事でもなく、社内と社外の両方を知るアルムナイです。「なぜ退職したのか？」「社内で経験したことで社外でも役に立っていることは何か？」などを話してもらうことで、アルムナイからしか聞くことができない「社外から客観的に見た自社の価値」を聞くことができるのです。

　また、囲い込み傾向が強い組織においては、自社と他社を比較する情報すら持っていない社員も珍しくなく、「隣の芝は青い」と感じて飛び出してしまった結果、想像とは違っていて「隣の芝は思っていたほど青くはなかった！」ということもあります。その場合、社員がアルムナイの話を通じて社外を疑似体験することで、社員にとっても企業にとっても不幸な退職を減らすことになります。

　一度退職を経て再入社した社員に対して「なぜ一度退職したのか？」「なぜ再入社をしたのか？」「再入社をしてみてどう感じるか？」などを質問して、それをインタビュー記事などで候補者や社員向けに公開している企業も増加傾向にあり、これも再入社した人を通じてのみ見える「社外から客観的に見た自社の価値」を伝える方法のひとつです。

89

ストーリー	○○社と比べて……
	という会話ができるアルムナイ

　「社外の組織共創パートナー」の具体的な姿の例です。金融機関C社のアルムナイで、現在は大手SIerのD社で新規事業開発を担当しているX氏は、C社の社員も参加するイベントのパネルディスカッションに登壇しました。その場でC社の社員から挙がった「当社は新規事業に対して積極的でないと感じている。例えば、社内ビジネスコンテストの要件も厳し過ぎるために応募が多くないが、どう感じるか？」という質問に対して、X氏は以下のように答えました。

　「私自身も退職する前はそのように感じていたが、現在D社で新規事業を担当している身としてはそのようなことはないと言える。D社の社内ビジネスコンテストは新規事業部門で求められているのと近いレベルが求められているので、当然応募数が少ない。C社の社内ビジネスコンテストの応募要件で厳しいと思っているのであれば、D社では絶対に応募できないと思う。

　どちらが良いか悪いかの話ではなく、C社はより多くの社員から新規事業開発のアイデアを集めて、次のフェーズで企画の精度を上げようとしていると思うので、新規事業開発に積極的でないとは全く思わない」

　イベントの満足度に関するアンケートでは、イベントに参加していた他のC社の社員から、「C社の社内ビジネスコンテストと比べて」と、社員とアルムナイが共通で認識している社内事情を基準として説明されたことで納得度が高かった、という感想がありました。

③企業やサービスのファン

　在籍時はもちろん、退職してからも企業、そして商品・サービスのファンでいてもらえる関係を築くことも可能です。

第3章 ● 関係構築のステップとポイント

●**顧客・ユーザー関係**：アルムナイが自社商品・サービスを使い続けて
くれたり、クライアントになってくれる関係のことです。

●**商品・サービスのアンバサダー・口コミ関係**：アルムナイが一過性の
ユーザーとなるだけでなく、ユーザーでい続けてくれるかどうかは商
品・サービスの印象にも大きな影響を与えます。退職してもアルムナ
イが利用している商品・サービスと、退職後はアルムナイが距離を置
いている商品・サービスを比べると、どちらの方が信用できそうでし
ょうか。

　また、逆にアルムナイが提供する商品・サービスを積極的に利用し
ている企業も多く、ある企業の社長は「内情をよく知るアルムナイが
提案してくれるサービスは、かゆいところに手が届くことが多く助か
っている」と言っています。

●**採用ブランディングに寄与する関係**：内情をよく知るアルムナイが、
出身企業への就職を周囲に勧めなかったとしたら、その企業に対して
どう思うでしょうか。理由次第ではあるものの印象が良くはないため、
就職先としての検討は控えるのではないでしょうか。

　多くの求職者がインターネット上に社員やアルムナイが口コミを投
稿できるサイトを参考にしています。なかでも日本最大級の口コミサ
イト「OpenWork」を運営するオープンワーク株式会社は「退職者が
選ぶ『辞めたけど良い会社ランキング』」を毎年発表しています。そ
れはアルムナイが匿名で口コミを記載する情報からまとめられている
ものですが、同じように企業として戦略的に**採用イベントや採用ペー
ジにアルムナイに登場してもらい、その会社での経験について語って
もらうことも有効**です。これはアルムナイが退職後もその企業のファ
ンでない限り協力をしてもらえないため、協力をしてもらえていると
いう事実自体が、「辞めたけど良い会社」であることを候補者に伝え
る強いメッセージとなります。

●**就職を勧めてくれる関係（リファラル採用）**：アルムナイによる口コ

91

ミがダイレクトに伝わるのがアルムナイの友人や知人です。アルムナイがファンでいてくれれば、退職後でも友人や知人に自社のことを勧めてくれたり、候補者として紹介をしてくれる可能性があります。友人や知人からすれば、辞めたにも関わらず「良い会社だからアルムナイとしてお勧めするよ」と紹介された会社であれば安心して応募ができるでしょう。

ストーリー ## 大変な時に応援してくれるアルムナイ

　大手製造業のA社では、公式アルムナイ・ネットワークの発足直後に品質問題が発生しました。メディアなどにも取り上げられ、SNSなどでは同社への厳しい声が目立っていました。公式アルムナイ・ネットワーク事務局の社員Y氏らは、アルムナイ・ネットワーク発足を記念したアルムナイ交流会の準備中でしたが、事態が収束するまで延期をすることにし、アルムナイにも周知しました。

　すると、その連絡を受けたアルムナイの一部が「公式アルムナイ・ネットワーク発足記念パーティ前夜祭」を企画し、アルムナイ・ネットワーク事務局の社員Y氏らも招待してくれました。アルムナイだからといっても社外には話せない事情も多く、またアルムナイからの厳しい声もあるのではないか、とY氏らは参加を悩みましたが、「せっかく声をかけてくれたのだから」と、参加することにしました。

　しかし前夜祭当日、Y氏らの心配は杞憂で、アルムナイたちからは「応援している」「信じている」という多くの応援の言葉をもらいました。Y氏らは「一番身近な社外のファン」を大切にしようと改めて感じたそうです。

④社内に戻ってきてくれる関係

社外にいたまま共創パートナーとなってくれる関係もあれば、もちろん再入社などのかたちで新しい関係が始まることもあります。様々な可能性を想定して関係構築をしましょう。

●**再入社する関係（アルムナイ採用）**：一度退職した社員が再入社する時には、様々な戻る理由や戻り方があります。退職理由が解消されたことや、今後やりたいことを考えた時に最適な職場が以前所属していた会社だったということもあれば、前述のように隣の芝は思っていたほど青くなかった、という場合もあります。また、退職後の経験を活かしてマネジメントとして戻る人、退職前とは全く別の役職や職種で戻る人もいれば、退職前とほぼ同じ職種で戻るパターンもあります。

●**業務委託（副業やフリーランス）関係**：正確には「社内に戻る」ではありませんが、限りなく「社内に戻る」に近いのが、共に仕事をする業務委託などの関係でしょう。最近では退職をする前から業務委託契約を結び、退職翌日から業務委託パートナーとして、退職前に担当していた仕事の一部を継続して行うという事例も珍しくなくなってきました。また、当初は業務委託でプロジェクトの一部を手伝っていたアルムナイが、最終的にはフルタイムで携わるために再入社をしたという事例も出てきています。

ストーリー　　　　「それなら自分がやりたい」

　BPO企業のJ社は、システム刷新プロジェクトを立ち上げる際に現在は別業界の企業Y社で正社員として働くアルムナイのC氏に声をかけました。J社としてもこのプロジェクトがまだフルタイムの仕事ではないこと、そしてY社に所属するC氏は問題なく副業が可能だったことから、J社は業務委託契約でC氏にプロジェクト推進の支援依頼をしました。C氏はY社でも高い評価を受けて満足していたことから、J

社へ再入社するつもりはありませんでしたが、業務委託であれば喜んで、と業務委託契約を締結することになりました。

　J社の社員をよく知るC氏は、週に10時間くらいでほぼフルリモートながらも社内を巻き込んでプロジェクトを推進し、数カ月後にはこのプロジェクトには大きな予算がついて本格稼働することが決まりました。そしてこのプロジェクトのリーダーとなったのは、J社への再入社を決めたC氏でした。元々再入社する意志はなかったC氏でしたが「以前に一緒に仕事をしたメンバーと仕事をして、懐かしい思いが蘇ったのもある。でも一番決め手となったのは、せっかく自分が企画したプロジェクトに予算がついて本格稼働することになったので、それなら自分がやりたい、と思ったこと」と再入社を決めた理由を語りました。

アルムナイジャーニーの作成：①5つのフェーズを知る

アルムナイジャーニー5つのフェーズ

　目指す姿（TO-BE）の定義と、様々な「共創のかたち」を見てきましたが、ここからはアルムナイ・リレーションシップ構築のための具体的なジャーニー（道のり）と、それを実現するためのステップに触れていきます。

　マーケティングでよく使用される「ジャーニーマップ」をもとに考えていきます。「ジャーニーマップ」とは、消費者やユーザーが最終的な意思決定をする（例：商品やサービスを購入する）にあたってたどる流れを旅に見立てて可視化するものです。例えばある商品を購入してもらいたい場合、その商品の認知・関心・検討・（会員などの）登録・購入といった行程がありますが、その段階それぞれに消費者は行動したり思

考したり感情を抱いたりします。それらの行動や感情、思考の動きを時系列にまとめることで、消費者目線で対応すべきことが見えたり、課題の優先度が明らかになったりと、多くのメリットがあります。

本書では当然ながらアルムナイと関係性を築くための「アルムナイジャーニーマップ」のつくり方を紹介します。横軸となるのが、**図3-2**の「アルムナイジャーニー5つのフェーズ」です。この5つのフェーズを大枠で見ると、退職前のオフボーディングの改革（辞め方改革）があり、その後退職を経てアルムナイ・リレーションシップへと続くというもので、これはほとんどのケースで大きく差がないものです。

ジャーニーの検討を始める時点での企業とアルムナイの関係は様々で、既に接点があり良い関係のアルムナイもいれば、ネガティブな印象で退職して以来、一切接点がないアルムナイもいます。そのため、具体的なジャーニーは個人によってスタート地点や辿り方は異なりますが、一般的には、一番左の「辞め方改革」から退職後にかけて「つながり」、その後「知る」と「深める」というフェーズを経て「創る」フェーズに辿り着きます。ここでは大きな流れをまず理解しましょう。

図3-2 アルムナイジャーニー5つのフェーズ

0. 辞め方改革

　スタートは「辞め方改革」——「企業と個人の双方にとってポジティブなオフボーディング体験を実現することで、つながるための辞め方を実現する」ことです。アルムナイ・リレーションシップは退職者が退職する前から始まっています。2章で触れた通り、在籍時から退職時の体験が退職後の関係に大きく影響を与えることから、このフェーズを正しく設計し、退職者に正しい声かけなどの対応を行うことで退職時の体験や印象を良いものにする必要があります。会社の退職者への接し方の過去と現状を正しく把握することが重要です。

1. つながる

　退職したアルムナイとは、元同期や元同僚がつながっていることはあっても、企業として公式なつながりを持っていることは少ないでしょう。常に誰かを介すのではなく、直接コミュニケーションがとれるように、「つながる」ことから始めましょう。アルムナイ・ネットワークやコミュニティを構築することで、他のアルムナイともつながりを持ちたいアルムナイが登録をしてくれて、企業としてアルムナイと直接のつながりをつくることができます。

2. 知る

　企業とアルムナイたちがお互いのことを「知る」フェーズです。元社員なのだから自分たちはアルムナイのことをよく知っている、と過信するのは大きな間違いです。逆も然りで、アルムナイは自社のことを全て知っているだろうと期待するのも実態とは乖離があります。他の社外の人と比べればよく知っていることは間違いないのですが、退職後のお互いの変化は想像以上に大きいもので、お互いに知らないことがあるのが普通です。つながった後はいきなり「創る」フェーズを目指すのではなく、企業から近況を伝える記事や社内報を共有したり、アルムナイの現

96

状やニーズを知るためのアンケートやインタビューを実施したり、双方がアップデートできる交流会などを通してお互いをしっかり「知る」段階を踏みます。

3. 深める

「現状がわかったから、アルムナイとすぐにでもコラボしよう！」などと成果を焦る気持ちになるかもしれませんが、その前に、信頼を「深める」フェーズを経ることが重要です。会社を離れた人は何かしら、不満を抱えている可能性があるものです。そこで、会社の短所が改善されたところを具体的に見せたり、アルムナイ・リレーションシップの構築に対する思いや考えを伝えて再び信頼を「深める」のです。この段階では、アルムナイ・ネットワークの事務局担当者だけでなく、今後のビジネス協業を念頭において、事業部門の現役社員を交えることも効果的です。

4. 創る

「辞め方改革」から始まり、「つながる」「知る」「深める」という4つのフェーズを経ることができれば、在籍時に面識がある人や一緒に仕事をしたことがある人だけに限定せずに、様々な部署や個人とアルムナイの間での共創（創る）が期待できます。共創の内容をイメージしやすくするためにも、ネットワークシステム上で「提供できるもの」と「求めているもの」をタグ付けするなどして、会社とアルムナイ双方のニーズを可視化するようにします。

なお、退職前にお互いをよく知っていたアルムナイと社員なら、「知る」でお互いの近況を共有した後は「深める」をスキップして「創る」にいくことがあるでしょう。逆に退職エクスペリエンスが悪かった人は「つながる」までに相当な時間がかかることもあります。

数値成果を追い求めすぎると、理念から離れてしまう

　ジャーニーを考える時に重要なことの1つが「創る」の位置付けです。創る（＝共創）を目的化して、数値的な成果ばかりを追い求めてしまうしまうと、「企業とアルムナイの関係」に関する理念や目指す姿から人きくかけ離れてしまうことがあり、注意が必要です。

　「目指す理念や姿から大きくかけ離れる」とは、例えば次のようなことです。「退職後も自社、そして自社商品のファンでいてもらえる関係」を目指している企業があるとします。この関係を実現するために、様々なアルムナイとの関係を構築し、アルムナイに自社や自社商品を定期的に思い出してもらうきっかけをつくり、アルムナイ同士のつながり構築を支援するなどして、目指す姿を実現していったら、所属していた会社に再度魅力を感じ、自社商品のファンでいるのみならず、再入社を希望する人も出てくるかもしれません。

　一方で、例えばこの企業が「再雇用者を○年○月までに○人」という成果を目的として追い求めてしまうと、「ファンでいてもらう」という理念はいつの間にか忘れさられ、再雇用という目的を達成するための手段のひとつになってしまいます。再入社希望者だけとしか連絡をとらなくなったり、アルムナイに再入社を案内するメールや電話をし続けるなど、「ファンでいてもらう関係づくり」とはかけ離れた手段が実行されるようなことが出てきます。よほど強い信頼関係がある場合は別として、このようなやり方では、「退職後も自社、そして自社商品のファンでいてもらえる関係」が実現されることはないでしょう。

　しかし、アルムナイ・リレーションシップ構築のために、公式・非公式にかかわらず、誰かが時間や費用を投資しているのなら、その達成度を測るのは当たり前です。企業として取り組む場合であれば、社内で目的、手段、指標などに加えて投資対効果の説明が求められます。

　数値目標はその説明のために必要ですが、「企業とアルムナイの関係」に関する理念、そして目指す姿を実現することをあくまで大目的として

忘れず、数値成果は理念や目指す姿を実現度を測る指標として扱うことをお勧めします。

　アルムナイ・ネットワークの事務局には、客観的に関係性や施策を見て、このような理念と目的の逆転現象に陥らないよう、コントロールする目が求められます。

アルムナイジャーニーの作成：②目指す姿と現状のGAPを把握する

ステークホルダーを分類し、ニーズや印象を把握する

　同じ組織の中でも、それぞれの社員によってアルムナイに対する印象は大きく異なりますし、それぞれのアルムナイが企業に持つ印象も異なります。そのため、次はアルムナイ・リレーションシップを築く上で関係するステークホルダーをリストアップして、属性などの大枠でアルムナイに対する印象や、期待する関係性などの傾向を把握します。

　なぜこのステップが必要かというと、このステップを飛ばしてしまうと**誰にも刺さらない施策を実施することになり、ステークホルダーの印象や言動を変えられず、アルムナイ・リレーションシップの構築に失敗したり、理念の実現に至れないためです。**

　メインのステークホルダーはアルムナイと社員ですが、社員の中でも人事や営業などの部門や職種の違いや、管理職や一般社員など役割の違い、そして組織文化が違う事業部の社員や、過去に合併などをした企業であれば出身母体の違い、さらには入社年次など様々な要素があり、それらによってアルムナイに対する印象やニーズは異なります。次に挙げるような要素に自社特有の要素を加えて分類をし、それぞれの分類に該当するアルムナイと社員をリストアップすることから始めましょう。

〈横軸〉

●グループ企業・事業部・部門・職種など

　企業・事業部・部門などの所属する組織や職種によって異なる文化は、退職やアルムナイ、そして企業に対する印象に大きな影響を与えます。

〈縦軸〉

●年齢

　退職や退職者に対して個人が持つ印象は、初めての就職かどうかや、社会に出た時の社会環境などに大きく影響を受けるため、年齢の影響は小さくありません。

●入社年次

　在籍している企業に入社した時点での社会環境や組織構成、そして企業文化や人事制度などは個人が持つ印象に大きな影響を与えます。年齢との相関性が高い要素ですが、中途入社が増加する昨今、年齢とは別の要素として見ると良いでしょう。

●退職年次（アルムナイのみ）

　入社時から現在までの間に、企業文化や人事制度などは大きく変化していることがあります。退職前にその変化を体験しているか否かで個人が持つ印象は異なります。社内の文化や制度が変わったタイミングも分類ポイントのひとつです。

ステークホルダー別の現状（AS-IS）の確認

　ステークホルダーの分類とリストアップが完了したら、次はステークホルダー別の現状（AS-IS）の把握です。ここで把握したい情報には、「感情情報」と「事実情報」の2つがあります。まず、企業として保有するデータを整理して、ステークホルダーの分類毎の傾向を事実情報か

第3章 ● 関係構築のステップとポイント

ら把握します。アルムナイであれば退職率や退職理由、転職先業界や在籍年数など属性に関する情報や、公式に連絡可能な退職者数や過去の共創実績数のような定量の事実情報を出します。それに加えて、退職時のエグジットインタビューの内容や取得情報など、定性的情報も事実情報として整理します。

　その上で、それぞれの分類に属するアルムナイや社員に対してアンケートやインタビューを実施し、個別のアルムナイや社員の感情情報と追加の事実情報を取得します。企業に対する感情は分類毎に一定の傾向はあるものの、個別事情によって異なるため、インタビューの場合は10名〜20名くらい、アンケートの場合は30名〜50名くらいから意見をもらえると良いでしょう。

図3-3　事実情報の例
〈事業部・職種別〉

	事業部A	事業部B	職種1	職種2
従業員数	1,000人	500人	200人	1,500人
離職率	2％	15%	11%	8％
中途社員比率	15%	45%	8％	5％
再入社	3人	5人	1人	3人
平均年齢	41歳	35歳	42歳	38歳

〈全体・年齢別〉

	50〜59歳	300人	30人
	45〜49歳	300人	100人
合併 ※新卒入社の場合	40〜44歳	300人	150人
	35〜39歳	200人	120人
人事制度改定 ※新卒入社の場合	30〜34歳	350人	250人
	25〜29歳	250人	150人
	22〜25歳	150人	50人
		社員（1,850名）	アルムナイ（850名）

101

アルムナイへのアンケート・インタビュー項目

アルムナイの意志は、今どのような仕事をしていてどのようなニーズがあるかという事実情報と、過去の体験から企業に対してどのような気持ちを抱いているかという感情情報の影響を受けます。そのため、感情情報に加えてその原因となっている事実情報を取得することが重要です。

アルムナイへのアンケートやインタビューでは、アルムナイが社員や企業との現在の関係をどのように見ていて、その関係を変えたいと思っているか、どのような関係が理想と感じているか、などのアルムナイの感情情報と考えを知ることから、企業として目指す姿と現状のGAPを認識することができます。具体的には、下記のような内容を把握することで次のステップの「GAPを埋める計画と運用」につながります。

●現在の状況
　　現在の仕事内容と満足度
　　退職後のキャリア
　　興味分野やニーズ（前職に関係なく）　など
●退職までの感情とその原因
　　入社理由と入社後GAP
　　入社後の仕事内容
　　在籍時のピーク（充実していたと感じたこと）とその理由
　　退職理由
　　退職エクスペリエンス（退職時どのように送り出されたか）　など
●退職後の感情とその原因
　　社員・企業との関係
　　　・企業に対する感情
　　　・つながりのある社員とその関係
　　他のアルムナイとの関係
　　　・つながりのあるアルムナイと実際の関係　など

第3章 ● 関係構築のステップとポイント

●アルムナイ・ネットワーク／コミュニティに期待すること

社員・企業との理想の関係

・具体的な「共創のかたち」案（会社や他のアルムナイとどうつながりたいか）

他のアルムナイとの理想の関係　など

社員に対するアンケート・インタビュー項目

同様に、現役社員に対しても、以下のようなアンケートやインタビューを実施します。

●現在の状況

現在の仕事内容と満足度

興味分野やニーズ　など

●入社後の感情とその原因

入社理由と入社後GAP

入社後の仕事内容

入社後のピーク（充実している・いたこと）とその理由　など

●アルムナイに対するの感情とその原因

アルムナイとの関係

・アルムナイに対する感情

・つながりのあるアルムナイとその関係　など

●アルムナイ・ネットワーク／コミュニティに期待すること

アルムナイとの理想の関係

・具体的な「共創のかたち」案（アルムナイとどうつながりたいか）　など

103

「共創のかたち」ごとに異なるWILLとCAN

　アルムナイの企業に対する感情を把握する際、それはどのような関係においても同じなのでしょうか、それとも「共創のかたち」次第なのでしょうか。これを考える上で役に立つのが、「共創のかたち」ごとに、WILL（意志）とCAN（可否）の4象限にアルムナイをプロットするやり方です（図3-4）。

　例として、大企業向け会計コンサルティングサービスを提供する企業Z社を退職して起業したアルムナイA氏を、情報交換や販売代理・顧客紹介などの「社外のビジネス共創パートナー」としてプロットすると次のようになるでしょう。A氏は、Z社とZ社のサービスが大好きなまま退職し、Z社とはターゲットが異なるスタートアップ向けに会計コンサルティングを提供しています。

　WILL（A氏のZ社への感情）…右側のポジティブ
　CAN（協働できるか）…A氏の事業の状況次第ですが、上の「可能」
　と考えられる

　結果、右上の「コンタクト層」として、相談をすれば協力してくれる可能性が高いと予想されます。同様に、組織に対するフィードバックや、社員向けのセミナーやメンタリングを行うなど「社外の組織共創パートナー」としても協力してくれる可能性が高く、組織共創パートナーとしても右上の「コンタクト層」に入りそうです。

　一方で、Z社が大企業向けのサービスを提供していて、A氏がまだ起業したばかりであることを考えると、いくらZ社のサービスのファンでWILLがあってもサービスを利用することは難しく、右下の「タイミング層」になります。もちろんサービスに関して口コミをしてくれたり、Z社のファンとして採用ブランディングに協力してもらうことは可能と考えられます。また、再入社をして社内に戻るという視点でプロットをしても、WILLはあるがCANがない状態になるため、右下の「タイミング層」にプロットされるでしょう。

図3-4 アルムナイのWILLとCAN4象限

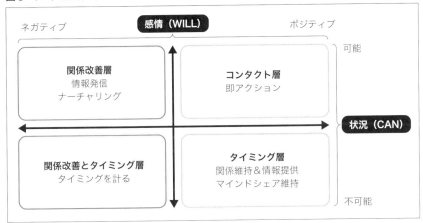

　同じ企業Z社のアルムナイで、現在は大企業で経理担当をしているB氏を見てみましょう。B氏は、Z社のサービスの品質には自信と誇りを持っていたものの、Z社の社風や働き方は自身には合っていないと考え退職しました。そのため、再入社や業務委託で社内に戻るという視点でプロットをするとWILLがないために左上か左下になるでしょう。また、企業のファンかというとそうでない可能性が高いため、今すぐに採用候補者を紹介してくれたり、社外の組織共創パートナーとなってくれる可能性は低そうなので、やはり左側になるでしょう。一方で、Z社のサービスのサービスの品質には自信と誇りを持っていたため、サービスのファンとして顧客になってくれる可能性は残るでしょう。
　このように「共創のかたち」によってWILLもCANも異なるため、何かひとつのかたちにおいてWILLやCANがないことがわかっても、他のかたちであれば可能性があることを頭に入れておくようにしましょう。

アンケート・インタビューのコツ

　なお、アンケートやインタビューでアルムナイや社員から本心を引き出すのは簡単なことではありません。企業とアルムナイの関係次第では、そもそもアルムナイにアンケートやインタビューに協力をしてもらうことすら難しい場合もあります。少しでも多くのアルムナイに協力してもらい、本心で答えてもらえるようにするためには、①アルムナイ・リレーションシップ構築の背景と目指す姿を伝える、②必要に応じて匿名性を担保する、そして③相手の想像力を掻き立てる、の3つを意識すると良いでしょう。

①アルムナイ・リレーションシップ構築の背景と目指す姿を伝える

　どのような背景で、なぜ今アルムナイ・リレーションシップ構築の必要があると考えていて、暫定的な内容でも良いので、どのような関係性をつくりたいと考えているのかをインタビュイーに伝えます。これを怠ると、アルムナイや社員は様々な想像をして、人によっては「流行りのアルムナイ採用にのっかっているんだろう」「ただの再雇用プールだと思ってるんだろう」などと考えてアンケートやインタビューに本心で答えてくれなかったり、対応してくれない人が出る可能性があります。

　背景、目指す姿、そしてそれがインタビュイーにどのような影響があるのかを伝えれば、企業側の期待とインタビュイーにとってのメリットが伝わり、本心で協力をしてくれる人が増えるでしょう。

②必要に応じて匿名性を担保する

　アルムナイ・リレーションシップに関するアンケートでは、匿名のアンケートを積極的に活用することをお勧めします。特に、在籍時の不満やネガティブな退職エクスペリエンスなどを理由に企業に悪い印象を持っている人たちにとって、実名での回答は心理的安全がないため、本心を書くことはありません。そこで匿名性を担保することで、本心からの

第3章 ● 関係構築のステップとポイント

回答をしやすくします。また、回答内容の利用目的や開示先を明確にし、回答内容に関連する当事者（例：元上司など）に開示することはないと伝えることでも、心理的安全性を高めましょう。

　一方で、完全匿名のアンケートでは部署や年次などを分類した傾向分析ができなかったり、回答内容を深掘りするデプスインタビューの依頼ができないといった弱点があるため、匿名にするかを回答者が選べるようにするのも効果的です。氏名・部署・年次など個人を特定しやすい情報の回答は必須ではなく任意に設定し、「追加で1時間ほどのヒアリングにご協力いただける方はこちらに連絡先をご記載ください」といった項目を設けることで、回答者に選択肢を持たせることができます。

　アンケートではなくインタビューの場合、人事などには本音が話しづらいアルムナイもいるため、第三者に仲介を依頼することも効果的です。仮に複数のアルムナイに対してインタビューを実施する場合、アルムナイ・リレーションシップ構築の支援をするコンサルティング企業などをインタビュアーとして入れ、情報を一部加工してもらったり、複数名分の情報を混ぜた上で報告してもらうようにすることで、匿名性を担保することができます。

　実際に私たちがアルムナイインタビューを代行すると、事前に匿名性を担保することをお伝えしているにも関わらず、「これは私が言ったことだとわからないように報告してほしい」と念押しされることも少なくありません。**そのような匿名でしか伝えられない声もしっかりと拾い、アルムナイとの関係構築に活かすことができるかどうかは、アルムナイ・リレーションシップの質を左右します。**

③相手の想像力を搔き立てる

　アルムナイ・リレーションシップに関するアンケートやインタビューで有益な情報が引き出せない時のもうひとつの原因が「想像力の欠如」です。「もし宇宙に行ったら何をやりたいですか？」と急に聞かれても

107

バック転くらいしか私は思いつきませんが、それと同じで、それまで「退職後に縁が切れていた企業とアルムナイがつながることで、どのような共創の可能性があると思うか」と急に聞かれても、多くの社員やアルムナイは答えられないのではないでしょうか。

　こうした場合は、オープンクエスチョンで始めずに、次のような「YES／NO」で答えられるようなクローズドクエスチョンで想像力を掻き立てた上で、最後にオープンクエスチョンで質問をする方が、回答が増える傾向にあります。

〈社員向けのクエスチョン例〉

・アルムナイで、ビジネス上の関係がある人はいますか？

　　YESの場合）

　　　→どの部署にいた人ですか？

　　　→現在何をしている人ですか？

　　　→どのようなビジネス上の関係がありますか？

　　　※以下YESの場合は同様に詳細を質問

・つながりたい特定のアルムナイはいますか？

・（アルムナイに関係なく）今、業務で興味があるトピック（または企業・テクノロジーなど）を3つ教えてください。

・アルムナイに依頼したい仕事はありますか？

・特定のトピックで、アルムナイと情報交換を希望しますか？

・アルムナイのキャリアや近況を知りたいですか？　　など

〈アルムナイ向けのクエスチョン例〉

・提案したい・活用したい商品・サービスはありますか？

・特定の部署に協業の相談を希望しますか？

・特定のトピックでの情報交換を希望しますか？

・社員向けの教育情報や研修の一部を受けたいと思いますか？

・オフィスのイベントスペースや施設の利用を希望しますか？

・キャリア・求人情報を希望しますか？

・業務委託で仕事をしたいと思いますか？

・当社の近況を知りたいですか？　など

〈アルムナイ同士の関係に関するクエスチョン例〉

・宣伝したい商品・サービスはありますか？

・協業先を探していますか？

・特定のトピックで情報交換をしたいと思いますか？

・仕事を探していますか？

・他のアルムナイをあなたの会社で採用したいですか？

・他のアルムナイのキャリアを知りたいですか？　など

アルムナイジャーニーの作成：③ジャーニーマップをつくる

集めた情報を参考にマップを埋める

インタビューなどを通じてステークホルダー別の現状（AS-IS）とニーズを把握したら、いよいよ「アルムナイジャーニーマップ」をつくっていきます。横軸の列には、先に紹介した5つのフェーズ、縦軸には下の項目を並べます。

〈横軸〉（アルムナイジャーニー5つのフェーズ）

0. 辞め方改革

1. つながる

2. 知る

3. 深める

4. 創る

〈縦軸〉

目指すアルムナイの行動・状態（TO-BE）

実際の行動・状態（AS-IS）

アルムナイの思考・感情（AS-IS）

GAP・GAP-FILLアクション

　そして、ここまで考え、調査してきた自社のアルムナイ・リレーションシップのTO-BEとAS-ISや、具体的な何名かのアルムナイとそのインタビュー内容などを参考にしながら、「アルムナイジャーニーマップ」を埋めていきます。**図3-5**は記入例であり、内容は自社の状態やアルムナイのニーズ、状態によって異なります。

　作成を始めると気づかれると思いますが、「2. 知る」フェーズから始まるアルムナイもいれば、既に「4. 創る」フェーズにいるアルムナイもいるので、特定の個人を想定するとそれぞれのスタート地点は異なります。また、「共創のかたち」のWILL・CANの分類毎（**図3-4**の4象限毎）にジャーニーマップを作成することも可能ですが、分類によってAS-ISが大きく異ならない場合、またはAS-ISは異なっていてもGAP-FILL（GAPを埋める）アクションが異ならない場合には、1つの共通のアルムナイジャーニーマップで問題ありません。

　「4. 創る」で、目指す姿が実現できている状態を考えるため、一般的には「4. 創る」から「0. 辞め方改革」へと遡るのが考えやすいと思います。本書ではその順番で説明していきます。

第3章 ● 関係構築のステップとポイント

図3-5 アルムナイジャーニーマップ 記入例

	0. 辞め方改革	1. つながる	2. 知る	3. 深める	4. 創る
目指すアルムナイの行動・状態（TO-BE）	・退職後もつながる前提で辞めている	・企業と定期的なコミュニケーションをとっている（属人的ではないつながりがある）	・退職後の企業の変化を知っている／知ろうとしている ・プロフィールや近況を開示している	・現役社員とも接点があり、退職後の企業の変化を実感している ・積極的に信頼を深めようとしている	・企業からの共創（協業・業務委託・再入社など）の打診に対して前向きに検討している ・企業に対して共創希望の声を上げている ・他のアルムナイと積極的に交流している
実際の行動・状態（AS-IS）	・縁が切れる前提で辞めている	・連絡する手段がない（つながりがない） ・仲が良い社員とアルムナイは個人的につながっている ・アルムナイだけの非公式ネットワークはある	・退職後の企業の変化は知ろうとしていない ・個人的なつながりなどから聞いている断片的な情報しか知らない	・社員との接点が少ない ・企業からのアクションを待っていて、自ら信頼を深めようとはしていない	・特になし ・仲が良い社員からの共創（協業・業務委託・再入社など）の打診に対して、前向きに検討している ・仲が良い社員に対して協業などの共創希望の声を伝えている
アルムナイの思考・感情（AS-IS）	・企業側が退職後の関係を望んでいると思っていない	・つながれたら嬉しいが、多分企業側が退職者を嫌っていると思っている ・アルムナイ同士ではつながりたいが、企業とは今さらつながりたいと思っていない	・気にはなっているが、知る術がない ・退職したらもう関係ないと思っている	・いろいろと新しいことを試しているようだが、実際のところはどうなんだろうと思っている	・退職した会社と、どんなかたちでつながれるんだろう？と思っている
GAP・GAP-FILLアクション	・退職体験の改善 ・オフボーディング研修の実施	・企業から「つながりたい」というメッセージを伝える ・企業として公式につながるインフラを用意する ・アルムナイ同士のつながりを支援する	・お互いが知りたい情報の把握 ・情報を可視化する	・個別やグループで、社員とアルムナイ間で対話の機会を設ける ・会社の変化を証明する事例を伝える場を設ける	・双方のニーズの在庫化と可視化 ・ニーズのマッチング

111

「4. 創る」の欄を埋めてみる

　目指す姿が実現できている状態では、アルムナイがどのような感情で、どのように思考し、どんな行動をとっているかを図3-5も参考に「4.創る」の欄に書き出します。既に何かしらの共創関係を構築できているアルムナイがいる場合、その人をインタビューしたりイメージしながら言語化するのも良いでしょう。

　アルムナイによって、ネットワークで定期的に情報を閲覧するだけ、ユーザーとして商品を購入しているだけなどの緩いつながり状態や、一緒に仕事をしているといった強いつながり状態など、つながりの状態は様々です。しかし、つながりはどんな状態でも、TO-BE（目指したい姿）は、「自社に対する信頼がある状態」でしょう。

　一方で、アルムナイインタビューなどを通じて見えてくるAS-IS（現状）では、多くの場合、アルムナイの企業に対する信頼が弱かったり、信頼するに十分な情報がなかったりします。その場合には、信頼を深めるためのGAP-FILLアクションが必要です。

　図3-5の例では、目指すTO-BEに対し、実際のAS-ISでは「特に行動がなされていない」もしくは限定的なつながり状態であることから、アルムナイが「どんなかたちでつながれるんだろうと思っている」と予測。「双方のニーズの在庫化と可視化」「ニーズのマッチング」をまずはGAP-FILLアクションとして考え、記載しています。

「3. 深める」＆「2. 知る」を埋めてみる

　次は、リレーションシップを「深める」、お互いを「知る」の縦の欄です。先述の通り、アルムナイの、以前所属していた企業に対する信頼が「深まる」のは、退職理由の原因となった事柄を企業が解消しようとしていることを知ったり、それが実際に解消されていることを実感する時です。例えば、制度や組織の変更を伝えたり、その変更によって生まれた成果事例や社員の声を知ることなどによって信頼が深まります。こ

のフェーズの障害は多くの場合シンプルで、そもそもつながりが足りないために、お互いの変化を知らない、というものです。

　当然ながら、退職理由には企業に起因するものと、個人に起因するものがありますが、制度や文化、仕事内容などの企業起因の割合が多い人が退職する場合には「不満退職」や「ミスマッチ退職」が起きている可能性があるため、原因を企業側が知り、その原因の解消に向けた企業の変化をそのアルムナイに伝えることで信頼を深めることできます。しかしながら実際、アルムナイはたまに会う元同僚との飲み会などで断片的な情報を聞くことがある程度で、実際に社内で起きている変化やその背景を知らないため、放っておいても情報が伝わらず、信頼が深まることはなかなかありません。

　また、個人のライフイベントやキャリア観、やりたい仕事の変化などの個人起因の原因のみで退職している場合には、その原因と、それが解消しているかどうかを企業が知ることで、「4. 創る」フェーズに進むタイミングや共創のかたちがわかります。しかしながらこれもあえて接点を持ってその人から聞き出さなければわからないことであるため、GAPを埋めるためには「情報を可視化」したり、「社員とアルムナイ間で対話の機会を設ける」などのアクションが必要となるでしょう（**図3-5**記入例の当該欄参照）。

「1. つながる」を埋めてみる

　つまり、企業とアルムナイ、そして社員とアルムナイの間のつながりがない限り、「知る」ことも、「深める」ことも、「創る」こともできないのですが、多くの企業のAS-ISを見ると、このつながりが限定的であることがほとんどです。実際に社内で共創が生まれている事例を見てみると、社員とアルムナイの個人的なつながりで「知る」「深める」「創る」のフェーズを進めているケースもありますが、それだと属人的なものになってしまっています。そこから進み、**企業としての公式なつながりを**

つくることで、社員とアルムナイのつながりを増やし、共創の発生を属人的でないものにすることが重要です。

　つながりがない原因を理解するには、先述の通りアルムナイの感情理解が重要です。在籍時の体験や退職時の体験が悪かったりした人は、当然ながらつながりを求めていないことがほとんどです。

　図3-5の企業のアルムナイも「つながれたら嬉しいが、多分企業側が退職者を嫌っていると思っている」ことから、「企業からつながりたいというメッセージを伝える」必要があります。

「0. 辞め方改革」を埋めてみる

　前章でも解説した「辞め方改革」は、「企業と個人の双方にとってポジティブなオフボーディング体験を実現することで、つながるための辞め方を実現する」考え方や方法です。現状の企業の現場では、退職と同時に縁が切れてしまう辞め方・辞められ方が多いために、企業とアルムナイや社員とアルムナイの間につながりが少ないのです。

　過去の辞め方・辞められ方を変えることはできません。しかし、企業側のつながりたいという意志をアルムナイに発信することで、新たなつながりをつくることは可能です。過去にネガティブな退職体験をした人に対しても、企業として「辞め方改革」をしていることを伝えていきましょう。

第3章 ● 関係構築のステップとポイント

GAPを埋める計画と運用：
①つながりのかたちを考える

重層的なつながりが理想

　ここまでのプロセスやアルムナイジャーニーマップの作成で、**アルムナイや社員が「企業とアルムナイの関係」をどう捉えているか、そしてどのような期待やニーズがあるかを把握し、企業として目指す姿とのGAPとGAPを埋めるアクションを認識してきました**。いよいよGAPを埋める計画・運用の①として、「つながりのかたち」を考えていきます。目指す姿を実現している時、どのようなかたちでアルムナイと社員や、アルムナイ同士がつながっているでしょうか。

　比較的多いのは、SNSや専用システムなどを介して**図3-6**のようなアルムナイ・ネットワーク（コミュニティ）を用意し、サブ・コミュニティがあるかたちです。

　既に述べた通り、良いアルムナイ・リレーションシップが成り立ち、お互いが目指す姿が実現されているのであれば、アルムナイ・ネットワークもコミュニティも不要です。しかし実際に、ネットワークやコミュニティが重要なインフラになることは、1章でも触れました。ただ、ネットワークやコミュニティをつくること自体が目的になってしまっては本末転倒のため、ここでアルムナイ・リレーションシップとアルムナイ・ネットワーク／コミュニティの関係性を見ておきます。

　復習になりますが、今までの日本社会において、企業とアルムナイの公式なつながり、アルムナイと社員のつながり、アルムナイ同士のつながりなどの「1-1」や「1-n」のつながりは、退職と同時に切れてしまっていました。それらのつながりが「アルムナイ・リレーションシップ」です。切れたつながりを再構築したり、新しいつながりを構築したりなどしながら、それぞれにとってアルムナイ・リレーションシップが社会関係資本となることが目的で、そのつながりから得たいものは企業、現

115

図3-6　多い「つながりのかたち」

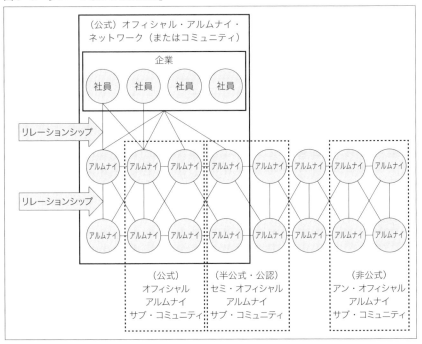

役社員、アルムナイによってそれぞれ異なります。

「ネットワーク」は、リレーションシップの集合体のことで、「コミュニティ」は人の集合体です。

「コミュニティ」という言葉にはもともと、同じ地域に住む人や、同じ特性を持つ人のグループ、という意味があります。日本で「コミュニティ」という言葉が使われる時は、そうした大きな枠のコミュニティではなく、共通の興味や目的を持つ人のグループとして使われているように思われますが、広義のコミュニティやネットワークには、目的や期待の異なる人も共存するため、共通の目的を持つ人たちだけの集まりのコミュニティよりも、大きな規模となる傾向があります。アルムナイ・リレーションシップ構築のインフラとして、多くのアルムナイとのつなが

第3章 ● 関係構築のステップとポイント

りを集約したネットワークのプラットフォームを持つ企業が多いのですが、これはそのためです。

　様々な異なる環境に身を置き、異なる目的を持つアルムナイが存在するネットワーク上には、「ビジネスに興味を持っている人たちだけでつながりたい」という人や「特定の技術に関して意見交換をしたい」といったビジネス寄りの興味関心が強い人もいれば、「古巣や懐かしい元同僚たちの現状を知りたい」といった緩いつながりを求めている人たちもいます。両方を求めている人たちは良いのですが、どちらかしか求めていない人たちは、「混ぜるな危険」とまでは言いませんが、同じネットワーク上には存在するものの、お互いに求めているものが異なります。そして、同じ目的や興味関心を持った人たちは、自然発生的にサブ・コミュニティを形成します。

　このサブ・コミュニティは公式なオフィシャル・アルムナイ・ネットワークに存在する人たちだけで形成されるものもあれば、そうでない人たちだけのもの、そして混在するものがあり、どれかだけに限定しないほうが様々なアルムナイの目的や興味関心をカバーできて良いでしょう。強い共通目的や興味を持たなくても、地域コミュニティのように、そのコミュニティに所属していることで満たされる人がいる場所もまた、大切なコミュニティです。

　まさに、2章で触れた「全ての人にとって、居る理由がある場所 - There is something for everyone」を実現するためには、このようにアルムナイ・リレーションシップの集合体として、**企業が事務局を務めるオフィシャル・アルムナイ・ネットワークがあり、様々なサブ・コミュニティがそのオフィシャル・アルムナイ・ネットワークの上にもその外にも存在している状態が理想**なのです。

　そして、オフィシャルとアン・オフィシャルには、**どちらが良い・正しいということはありません。**お互いが協力して共存できる関係を目指しましょう。

117

GAPを埋める計画と運用：
②つながるためのツールを選定する

SNSと専用システムの違い

　次はネットワークやコミュニティを設ける場所、ツールの選定です。選択肢としては、大きく２つ——**既存のソーシャルメディアなど（の機能）を使うケースと、専用のシステムを使うケース**があります。

　欧米などの海外では、アルムナイ・ネットワークを運営するためのツールとして、専用のクラウドシステムを利用している企業と、LinkedInなどを利用している企業があります。企業公式のオフィシャル・アルムナイ・ネットワークは専用のクラウドシステム、非公式のアン・オフィシャル・ネットワークはLinkedInにあり、その上でイベントなどはそれぞれが企画・運営するものと共催のものがある、といったように、うまく共存している事例が多く見られます。

　欧米のビジネスネットワーク情勢に詳しい方は「なぜLinkedInだけじゃないんだ？」と思われたかもしれません。それもそのはずで、LinkedInは世界最大級のビジネスソーシャルメディアで、世界に10億人以上のユーザーがいるといいます。アメリカではビジネスで知り合った人とは名刺交換をする代わりにLinkedInでつながることが当たり前になっています。アメリカの人口が約3.3億人、労働人口が約1.6億人であるのに対して、アメリカのLinkedInユーザー数は約２億人といわれていることからも、多くの人がユーザーであることがわかります。一方で、月に一度でもLinkedInを使っている人は約３人に１人ともいわれていて、LinkedInにアカウントがあるからといって全員が活用しているわけではありません。また、プライバシーの観点から誰でも見られるオープンなソーシャルメディアから離れている人が増えていたり、年代によって使っているソーシャルメディアが異なったりするのは万国共通です。そのため、できるだけ多くのアルムナイとの関係性を構築するために、専

用システムが使われています。

　日本を見てみると、人口が約1.25億人、労働力人口が約7,000万人（総務省、2024年）であるのに対して、LinkedInのユーザー数はまだ400万人と（2024年のリンクトイン・ジャパンによる発表[8]）、急速に伸びていますが普及率は圧倒的に低くなっています。これは、グローバルではプライベートで使われるFacebookが、日本ではビジネスの場でも利用されていて、少なくとも約2,600万人の日本人が月に一度でも利用しているからです[9]。そのため、日本では多くの非公式アルムナイ・コミュニティがFacebook上で運営されています。

　しかしいくらユーザー数が多いとはいっても、前述のアメリカにおけるLinkedInのように全員をカバーできるわけではない点と、Facebookはプライベートで使っているためにビジネスのつながりに使いたくないという人が一定数いることもあり、日本でもアルムナイ・ネットワーク専用のシステムを利用する企業が増えています。

　また、LINEグループのようなメッセージングアプリでつながるケースもありますが、メッセージングアプリの場合はプロフィールなどが共有しづらいことから、もともと親しい同期などの小さいグループで使われている傾向があります。また、社内で使われているSlackやTeamsなどにアルムナイ・チャネルをつくって運用している企業もありますが、機密情報のやりとりが多い社内チャットツール内にアルムナイとのコミュニケーション窓口を設置することで、故意ではなくても機密情報の漏洩などが懸念されるため、多くの企業では避けられています。

　他にも、アルムナイ・ネットワークに登録するためとはいえ、個人情報やプライバシー、詐欺広告などが問題視されるようなソーシャルメディアに情報登録を求められることに抵抗感を覚えるアルムナイも少なくありません。私たちが支援させていただいている企業でも、登録者の年齢層は20代から100歳までと幅広く、30代〜40代以外の層はFacebookのアカウントを持っていなかったり、連絡用にMessengerアプリのみを利

用している人も珍しくありません。専用システムを利用した公式ネットワーク上で知り合ったアルムナイと、Messengerなどにコミュニケーションを移行しているケースもあります。

　以上のことから、オフィシャルとアン・オフィシャル、そして専用システムとLinkedInのようなオープンなソーシャルメディアが共存することで、より広くて多様なネットワークを構築することができるでしょう。

専用システムには管理者の機能も

　専用システムが使われているもうひとつの理由として、ソーシャルメディアのみだと、アルムナイ・リレーションシップ、ネットワーク、そしてコミュニティの全てを効率的かつ効果的に運営することが難しいということがあります。コミュニティ機能だけでなく、管理者用の機能を持つ専用システムは、企業としての持続的な運営の支えとなります。また、セキュリティなどの観点からオープンなソーシャルメディアのアクセスを禁止している企業も多いと思いますが、セキュリティチェックなどをクリアしたツールであればオフィスや、社外の人とつながるネットワークとして安心して使用することができます。

　また、大人数のネットワークにおいて「1-n」の効率的な運用がしやすいという理由から、顧客管理や採用管理ツールなどを転用するというケースもあります。しかしながら、一般的にこのようなツールには登録者同士がつながれるネットワークやコミュニティ機能はなく、管理者と登録したアルムナイの間のみでメッセージを送り合うことが可能です。したがってアルムナイ同士のつながりを作ることができず、アルムナイにとってのメリットが少なくなりがちなため、多くのケースで専用システムが選ばれています。

　私たちが構築や運営を支援させていただいているアルムナイ・ネットワークの登録者数は数十人から数千人と幅広く、専用システムの使用の

第3章 ● 関係構築のステップとポイント

図3-5 ツールの選び方

それぞれの一般的な機能	専用システム	ソーシャルメディア	チャットツール	ユーザー管理系ツール（顧客管理・採用管理・リファラル採用 など）
お勧めの利用方法	会社公式のネットワーク・コミュニティに最適	非公式のコミュニティに最適	事務局の連絡用に最適	再入社を希望した後のプロセス管理に最適
オープン／クローズド	クローズド	オープン	クローズド	クローズド
利用の心理的ハードル	低い	人によっては高い（プライバシーの心配など）	低い	低い
機能・登録情報の特徴	アルムナイ・ネットワークに最適化されている	オープンなつながりに最適化されている	業務コミュニケーションに最適化されている	「1-n」の大人数管理に最適化されている
企業対アルムナイに使用できる機能	1-n：メッセージ、投稿、コンテンツ、プロフィール検索、一括アクション、トークルーム（サブ・コミュニティ）、募集 1-1：メッセージ、応募	1-n：メッセージ、投稿、コンテンツ、プロフィール検索、グループ（サブ・コミュニティ） 1-1：メッセージ	1-n：メッセージ、グループ（サブ・コミュニティ） 1-1：メッセージ	1-n：メッセージ、コンテンツ、プロフィール検索一括アクション、募集 1-1：メッセージ、応募
アルムナイ同士で使用できる機能	n-n：投稿、募集、トークルーム（サブ・コミュニティ） 1-1：メッセージ、応募、プロフィール閲覧	n-n：投稿、募集、グループ（サブ・コミュニティ） 1-1：メッセージ、応募、プロフィール閲覧	n-n：投稿、グループ（サブ・コミュニティ） 1-1：メッセージ	n-n：なし 1-1：なし

※機能はツールによって異なるが、代表的なものを想定

有無は問いません。ただ、専用システムを使っていない場合、アルムナイの属性やニーズに合わせてカスタマイズした情報を送るといった運用が難しいケースがあります。自社アルムナイだけのクローズドでセキュアな環境で、ネットワーク・コミュニティ機能だけでなく管理機能が必要な企業は、専用システムも検討すると良いでしょう。

121

GAPを埋める計画と運用：
③運営方針・プロジェクト体制を検討する

適切なタイミングで他部門を巻き込む

　貴社のアルムナイ・リレーションシップの具体的なかたちが少しずつ見えてきたでしょうか。その運営のためには、予算、そして運営方針とそれに合ったプロジェクト体制を考える必要があります。運営方針を決める時の最初の大きな分かれ道は、このプロジェクトのミッションを本業の一部とするのか、本業からは切り離したプロジェクトとするのかです。そして、アルムナイ・リレーションシップを構築する際は、その関係性を創る「ジェネレーター」（つくる人）と、リレーションシップを活用する「ユーザー」の部門や人がいることになります。

　社員が本業の一部として担う場合、人事企画、人材開発・キャリアデザイン、DE&Iなどを担当する部門のみがジェネレーターとして運営し、本業と切り離す場合は有志で手を挙げた社員が社内兼業として運営に携わります。前者の場合、以下に挙げる事業部門や営業、広報部門などのユーザー側の部門をうまく巻き込むことが重要になります。

　本業とは別に、有志プロジェクトとして運営する場合も、ユーザー側の部門と連携をしながら進めていくことになります。その場合、人事部からの有志社員も運営メンバーに入っておくことで、アルムナイの在籍時の情報の確認などが必要になった時に人事部との連携がスムーズになるでしょう。

　本業の一部として取り組む場合、人事部が担当部署になることが多いのですが、人事部の中でも、どの役割を持つチームが担当するかは企業の目指す姿によって異なります。一般的に中途採用チームが多いと思われていますが、実際は中途採用チームはユーザーでありジェネレーターではないケースの方が多いです。また、この**ジェネレーター（つくる人）とユーザー（活用する人）の両方の存在を意識し、適切なタイミングで**

様々な部門を巻き込むことで、企業とアルムナイにとって付加価値が高い関係構築が可能になります。

ジェネレーターになることが多い部門とその理由

■人事企画部門

　事業計画をもとに人事・組織戦略を策定し、それをもとに人事制度を構築し、最終的に施策の立案から実行を人事企画が担っている企業では、アルムナイ・リレーションシップも人事企画が担当することが珍しくありません。

■人材開発・キャリアデザイン担当部門

　個人のキャリアが多様化している時代において、1社だけに限定して人材開発やキャリアデザインを語ることは難しくなってきています。そのため人材開発やキャリアデザインの担当者が、社外でキャリアを築くアルムナイとの関係を担当することが適切と考える企業は少なくありません。

■DE&I（ダイバーシティ・エクイティ＆インクルージョン）部門

　DE&Iチームがアルムナイ・リレーションシップを担当している企業の多くは、アルムナイこそ重要なコグニティブダイバーシティ（認知的多様性）のひとつと考えています。企業がダイバーシティを重要視する理由のひとつが、多様な考えを取り込むことで、ますます多様化する社会のニーズに適応できる組織をつくることですが、まだ多くの企業が国籍・年齢・性別などのデモグラフィックダイバーシティ（人口統計学的多様性）への対応にとどまっています。ただでさえものの見方や考え方などが同質化しやすい日本企業において、転職や起業などを理由に社外に出ることで自ら環境を変え、異なる環境で挑戦をしているアルムナイとのつながりをつくることは、組織のコグニティブダイバーシティを広

げることになります。

■採用部門

　もちろん、採用部門がジェネレーターとなる会社もあります。採用部門は普段から自社の現状や魅力を社外に発信する役割を担っているため、アルムナイにも必要な情報を保有していて適切な発信が可能です。

　注意点としては、やはり再雇用を実現するためだけの手段としてアルムナイ・リレーションシップを構築しようとしないことです。企業が目指す「企業とアルムナイの関係」を適切に発信する役割を担うようにします。

ユーザーになることが多い部門とその理由

　アルムナイ・リレーションシップが構築された後に、その関係を活用するユーザーが多様であればあるほど、多くの共創が生まれることになるため、ユーザーは人事部以外の部署にも広げていくことが理想的です。また、アルムナイとユーザー部門の双方が「提供できるもの」と「求めているもの」を可視化できると有益です。ジェネレーター部門の方は以下を参考に、ぜひ自社のTO-BEに合わせてユーザー部門を巻き込んでみてください。

■事業開発・事業を担当する全部門

　事業側がユーザーになるケースで最も多いアルムナイ・リレーションシップの活用方法が、情報交換と協業のパートナー探しです。アルムナイは社内だけでは得られない貴重な情報を持っていますし、逆に社内にはアルムナイにとって貴重な情報が存在します。昨今、1時間など小さい単位の契約で専門人材にヒアリングができる「スポットコンサルティング」の活用も一般的になっていますが、相談をしたい案件を在庫化して、まさにスポットコンサルのようなかたちで社員とアルムナイをマッ

チングしている企業もあります。完全な「はじめまして」同士よりも、自社のことをよく知っているアルムナイと社員の方が有益な情報交換が可能な場合があるためです。情報交換からはじまり、結果的に相談したプロジェクトで協業するという事例もありますし、企業とアルムナイの双方が持つ異なる技術力を掛け合わせて新事業を創ったり、アルムナイが持つ技術力を企業が持つ顧客基盤に活用して事業化させたり、事業側で必要な商品・サービスをアルムナイから購入したりするケースもあります。

　マッチングしやすくするためにも、協業したい部門とアルムナイの双方が探しているものやサービスを、アルムナイ・ネットワークのシステム上などで可視化・在庫化しましょう。また、企業とアルムナイ間だけでなく、アルムナイ同士でのマッチングが発生することで、アルムナイのエンゲージメントも高くなりますし、マッチングが生まれることで協業ニーズを開示するアルムナイも増えるので、アルムナイ同士のマッチングも積極的に支援することをお勧めします。

■営業・マーケティング部門

　事業開発などの提携と比べてリードタイムが短く着手しやすいのが、営業やマーケティング部門がアルムナイからの顧客紹介を獲得したり、アルムナイ自身に顧客になってもらうかたちです。アルムナイにとってもメリットがあるようにするため、インセンティブなどの制度設計やワークフローの構築も重要ですが、まずはそのようなニーズがあることを営業・マーケティング担当者に積極的に伝えていきましょう。

■広報・経営企画・IRなどの部門

　良いアルムナイ・リレーションシップを構築できていることは、企業価値の向上につながるため、社会・株主・顧客・社員・採用候補者、そしてアルムナイなど多くのステークホルダーに対して積極的に発信して

いきたい情報です。また、対外的に広く広報することで、つながっていないアルムナイにも、アルムナイ・リレーションシップの存在を知らせることができます。企業として広報・IR方針とズレがないようにするためにも、広報・IR部門と早めに連携をすると効果的です。

■人事企画部門

アルムナイ・リレーションシップのジェネレーターになることが多い人事部は、それを活用するユーザーにももちろんなります。「共創のかたち」のところで触れましたが、社員エンゲージメントや生産性を高めるために、アルムナイからのフィードバックを人事制度や組織文化などの改善に生かすという企業が増えています。

このような共創を実現するためには、企業側から、現状の組織課題などをアルムナイに開示した上で、社員のために本気で組織を改善したい意志を伝え、本音での回答を依頼することが重要です。アルムナイからの意見の全体傾向を知りたい時にはオンラインアンケート、より深いインサイト（核心）を得たい場合には少人数でのワークショップにするなど、目的に合わせた工夫が必要です。

■人材開発・キャリアデザイン部門

人事が言うとポジショントークになってしまいそうなことでも、アルムナイは説得力を持って社内外に伝えることができます。形式は様々で、社員向けのセミナーや社内報のインタビュー記事で自社での経験について話してもらうような多数向けもあれば、1-1で社員のメンターをしてもらっている事例もあります。

なかには、キャリアコンサルタントの資格を保有するアルムナイに、副業としてキャリアコンサルティング業務を依頼している企業もあります。アルムナイ・ネットワーク登録時に、資格情報を取得することでつながり方が増えるかもしれません。

第3章 ● 関係構築のステップとポイント

■採用部門

あなたの会社がアルムナイ・リレーションシップを整える前から再入社を望んでいたアルムナイや、元いた会社の変化を知って興味を持ったアルムナイなど、一度離れてもまた戻りたいと思うアルムナイも当然います。そのような時にアルムナイがコンタクトをしやすいように、採用担当窓口をネットワーク上に開設しておくと良いでしょう。再入社希望だけではなく、アルムナイからのリファラルで採用に至るケースもあります。

また、採用ブランディングの視点では、採用ページでのアルムナイへのインタビュー記事掲載や、採用イベントへの登壇への依頼をすることも可能です。また、いつも社外に情報発信をしている採用担当がプロジェクトに携わるなら、自社が望むアルムナイ・リレーションシップの目指す姿（TO-BE）をわかりやすくアルムナイに伝えたいものです。そうすることで会社側の意図が誤解なく、正確に伝わるでしょう。

最後に、総務省の2022年の調査[10]によると、副業をしている人の数は305万人と、2017年～2022年の5年間で60万人も増加し、493万人が現在就いている仕事を続けながら他の仕事もしたいと回答したそうです。副業人材に活躍の場がある企業では、副業についても採用担当が発信すると良いでしょう。

GAPを埋める計画と運用：④スケジュールを作成する

やれたらやろうでは進まない

大枠のジャーニーマップと運営体制が見えてきたら、具体的なスケジュールに落とし込んでいきます。企業の文化や、AS-ISとTO-BEのGAPの大きさによって異なりますが、通常なら1～3カ年の計画をつくり、四半期か半年毎にマイルストーンを設定することをお勧めしています。

127

アルムナイ・リレーションシップの構築は、ほどんどの企業にとって初めての試みで、アルムナイの反応は候補者や社員よりも予測不能でコントロールができないものです。どのくらいのスパンで物事を考えるのが良いか難しいところもあるのですが、予測不能でコントロールができないからといって、ベストエフォート型（やれたらやろう）や、思いついたことをランダムにやっているようでは、適切なタイミングで適切なGAP-FILLアクションを打つことができず、ジャーニーは一向に進みません。そのため、**TO-BE（目指す姿）の定性的な状態の実現を四半期か半年毎に目標として設定し、実現度の物差しとして定量的な指標を設定しましょう。**

　指標には公式ネットワークへの登録者数、アクティブユーザー率、イベント参加人数のようなものから、協業事例発生数や社員エンゲージメント調査結果のようなものもあります。AS-ISとTO-BEとのGAPを見ながら、暫定的でもスケジュールとマイルストーンを設定してみましょう。

GAPを埋める計画と運用：⑤予算の考え方

２つの視点の組み合わせで考える

　ジャーニーのスケジュールとマイルストーンを考え、それを実現するための施策や体制などを決める際、確実について回るのが予算です。最近ではアルムナイ・リレーションシップ構築の重要性とメリットが認知されてきたこともあり、最初から予算がついている企業もありますが、予算獲得に苦労される企業もまだ少なくありません。

　予算については、大きく分けて２つの視点の組み合わせで考えるとよいと思います。ひとつは「退職による損失を防ぐ視点」、もうひとつは「今後の関係が生む価値という視点」です。短期的な再雇用などを目標として設定しないほうが良いことは既にご説明しましたが、予算獲得の

社内説明（説得）の参考情報として入れておくことは可能です。

「退職による損失を防ぐ視点」は、採用から退職までの間の社員に対する投資額から考えて、例えば離職率が5％だとしたら年間5％の人的資本投資が損失になっているという考えです。

「今後の関係が生む価値という視点」において重要なのは、「LTV（Life Time Value）」と呼ばれる「生涯価値」です。目指す姿としての「企業とアルムナイの関係」が実現された場合、その指標としてどのくらいの共創成果が生まれているかを想定します。その上で、その共創成果はどのくらいの価値になるかを算出します。ユーザーとして商品・サービスを利用してもらうことには何円の価値があり、協業や案件獲得は何円の売り上げを生み、業務委託や再雇用には何円の価値があるか、などです。再雇用で考えると、まず人材紹介会社に支払うフィーが年収の35％だとすると、年収600万円の人が再入社すれば210万円分の紹介フィーが削減できます。加えて、アルムナイであるがゆえに一部削減できる教育コストと教育期間中の非稼働分コストが仮に150万円だとすると、1人の再雇用で350万円超のコスト削減効果があると考えられます。再入社希望者に限定しないアルムナイ・ネットワークやコミュニティでは、職種などによるものの、50名ほどの登録者で1名の再入社が発生するのが一般的なため、それをベースに予算を検討し、予算獲得のためにその数字を活用するのが良いでしょう。

ただし、繰り返しになりますが、再雇用数や協業数などを目標として追い始めた瞬間にそれが目的化し、目指す姿から離れていく可能性が高いため、あくまで指標のひとつにするだけ、ということを忘れないようにしましょう。

GAPを埋める計画と運用： ⑥施策を実施する

　アルムナイ・リレーションシップを強化するためには、情報発信からイベントなど、様々な施策の実施が必要です。オンラインをうまく活用しながらオフラインの接点も重要ですし、専用システムであってもFacebookグループであっても、箱だけつくったら勝手にリレーションシップが構築されるわけではありません。施策を行う目的はあくまで自社がありたい姿でアルムナイと関係を構築するために「つながる」「知る」「深める」「創る」ことです。異なるニーズを持ったアルムナイにそれぞれのジャーニーを進んでもらえるように、GAPを埋める施策を実施します。

「1. つながる」ための施策

●事業局の顔が見えて、心に響くメッセージをつくる

　企業として接点がないアルムナイとつながりを再構築するためには、適した「メッセージ」と「チャネル」の両方が必要になります。アルムナイ・ネットワークのシステムを導入したりFacebookグループでコミュニティを立ち上げたとしても、その存在がアルムナイに知られなければ誰も登録しませんし、知ってくれたとしても、そこに自分のための何かがあると感じないと登録しません。そのため、**ここまで明確にしてきた理念、目指す姿、目的、アルムナイにとってのメリット、今後の展開などが伝わるメッセージをネットワークやコミュニティ内の目立つところに掲示する**と良いでしょう。そして、AS-IS把握のためのヒアリングなどで見えた「アルムナイが企業とつながりたくない理由」も意識して、アルムナイの心に響くメッセージをつくりましょう。

　事務局の想いを伝えるために、事務局の顔を出したインタビューなどを文章化し、ネットワークやコミュニティの登録案内と合わせて案内す

るのも効果的です。ネットワークやコミュニティのローンチ前にアルム
ナイのヒアリングなどが十分にできなかった場合は、プレ・ローンチと
いう位置付けにして、まずはステルスで一部のアルムナイとスモールス
タートをした上で、本ローンチまでにアルムナイに向けたメッセージを
準備するという進め方でも問題ありません。

　どれだけ素晴らしいメッセージがあっても、アルムナイに届かなけれ
ばつながることはできません。これから退職する人には退職面談時や退
職関連書類とあわせて案内することが可能ですが、大切なのは、書面だ
けでなく口頭でも案内をすることです。特に社内にアルムナイ・リレー
ションシップ構築の取り組みがしっかり知れ渡っていないフェーズでは、
書類で案内されただけでは登録をしてくれないアルムナイも少なくない
ため、アルムナイ・リレーションシップの価値や目指す姿を事務局が直
接口頭でも伝えるようにしましょう。

●既退職者へもアプローチする
　既に退職をしている人に対しては接点をつくることから始める必要が
あります。前述の通り、初期フェーズでは知り合いの知り合いなどのみ
でスモールスタートをして、その後、社員を通じたアルムナイへの案内
依頼や、プレスリリースや自社ウェブサイトへの掲載など社外へも発信
することで登録者を増やしていきます。社員やアルムナイからの紹介だ
けで広げることも可能ですが、それではどうしても同質的なアルムナイ
のみになる傾向があります。多様なアルムナイに入ってもらうために、
プレスリリースや自社ウェブサイトなどオープンな発信方法も活用し、
幅広く告知するようにしましょう。退職時に取得したメールアドレスや
住所へ案内を送りたい場合には、情報取得時の利用目的上、問題がない
ことを確認した上で実施してください。

　全ての企業が真似できることではありませんが、「つながる」のフェ
ーズにおいてスターバックス社が過去に実施していた施策は、自社アル

ムナイをよく理解している秀逸なものでした。スターバックスは自社の全ての従業員を「パートナー」と呼び、店員同士もパートナーと呼び合います。スターバックス社は、アルムナイが退職後も頻繁にスターバックスを利用していることを認識していたため、レシートに「もう一度、パートナーになりませんか」というアルムナイに向けたメッセージを添えたのです。現在この取り組みはされていないようですが、自社に対する高いアルムナイエンゲージメントと、アルムナイに

リーチできる自社ならではのチャネルをうまく活用した好例といえるでしょう。

「2．知る」ための施策

つながっただけで何もコミュニケーションがとられなければお互いの理解は深まりません。企業の近況を知ってもらいながら、アルムナイの近況も知ることができる場づくりをしていきましょう。

●ニーズに合った情報提供を行う

その際、アルムナイの分類とアンケートやインタビューでわかったニーズに合った情報、そしてAS-ISで認識した退職理由などに関係する情報が提供されることも重要です。ニーズとズレた情報提供をしても「それを知りたいわけじゃないんだよな……」と思わせるだけです。例えば、育児が終わってパートで仕事に復帰することを考えているアルムナイに対して「起業家アルムナイ同士のピッチイベント」の案内をしても、「自分の知りたいことはそれじゃない……」と思うでしょう。実際、ビジネ

ス協業などばかりが注目されやすいですが、「ママさんアルムナイのオンラインランチ会」なども、要望が高い集まりなのです。

●社員や他のアルムナイの顔が見えるコンテンツ・機会づくり

多くのアルムナイは、企業のことだけでなく、社員のことや他のアルムナイについても知りたがっているので、社員やアルムナイの顔が見えるコンテンツをつくりましょう。特定のテーマについて社員とアルムナイでパネルディスカッションをしたり、テーマを絞らずにライトニングトークイベント（Lightning Talk：稲妻のように速く伝えるという意味の短いプレゼンテーション）のようなオンラインやオフラインのイベント形式もあります。社員やアルムナイの今の仕事をインタビュー形式で記事化するのも顔が見えて良いでしょう。

●懐かしさでつながる「アルムナイト」

企業や社員や他のアルムナイの現状を「知る」ニーズは高いため、「知る」をフックに「つながる」とあわせた施策をすることも効果的です。例えば、先のようなパネルディスカッションやライトニングトークイベント、または交流会などの案内と合わせてネットワークへの登録を促すことで、登録の初期インセンティブとすることができます。

「コーポレート・アルムナイには、学校の同窓会のような懐かしさは不要」と言う人もいますが、私は「懐かしさ」と「新鮮さ」の両方があることがとても重要だと考えます（2章参照）。私たちは、アルムナイとナイト（Night）をかけて、「ALUMNIGHT（アルムナイト）」という交流会イベントを開催することが多いのですが、その際に「懐かしさ」を喚起することから始める時があります。例えば、次のような懐かしい共通項を見つけるクイズをすることで、同じオフィスにはいたものの面識がない社員とアルムナイや、アルムナイ同士が距離を縮め、結果として「新鮮さ」を受け入れやすくなり、共創が生まれやすくなります。

ある日の「アルムナイト」の様子。「よく一緒に行った飲食店といえば？」というクイズで盛り上がる。

〈"懐かしクイズ"の例〉
　・オフィス近くのランチといえば？
　・○○社でしか通じない社内用語といえば？

　ある専用システム上では、自社特有の社内用語を使ったオリジナルスタンプが設定できるのですが、アルムナイからの評判がとても良いです。これも社内用語などの「懐かしさ」が一気に心と心の距離を縮めることの1例でしょう。

「3．深める」〜「4．創る」ための施策
●ビジネスの共創は小さなグループで進める

　ビジネス協業などの<u>「社外のビジネス共創パートナー」</u>の場合（「知る」のフェーズにも当てはまることですが）特に「深める」〜「創る」のフェーズになると、大きなグループではなく小さなグループでプロセスを進める方が効果的です。オンライン上では、ネットワーク全体ではなく、トピックごとにサブ・コミュニティのような小さなグループやコ

ミュニティに分けて、そこに参加する狙いや熱量が近しい人を集めることで共創を生みやすくします。

「深める」「創る」フェーズになると、具体的な共創の対象となるプロジェクトや業務の情報を共有する必要が出てくるため、その場合は秘密保持契約などを締結した上で進めます。また、企業側は「アルムナイだから無料で相談していいよね」と決めつけたり、アルムナイ側も「出身会社（またはアルムナイ同士）だから無料で相談していいよね」などと考えて諸条件を曖昧にするのではなく、具体的な話に進む前に謝金の有無など、お互いの期待や条件をすり合わせることで、長期的に継続可能な関係が構築できます。

●個別に声をかけてみる

「社外の組織共創パートナー」として関係性を深めたい・創りたい場合、スキルや資格でアルムナイを検索して連絡をしたり、退職前の部署や現職での役割、そして現在の興味領域などネットワーク上で取得した情報をもとに、DMなどで個別に相談すると良いでしょう。ポスティング形式の投稿で募集をして、誰かが手を挙げてくれるのを待っていても「私で力になれるだろうか？」と考える人が多く、なかなか手が挙がらないものです。他方、企業側から積極的に、個別に声をかけると喜んで対応をしてくれることも多いです。

●応募のハードルを下げる

再入社や副業などで「社内に戻る」かたちの場合、「自分が応募して良いのだろうか？」「応募して通過しなかったらその後が気まずくなりそう」などと考え、応募のハードルを高く感じるアルムナイもいます。本応募の前に「カジュアル面談」「個別説明会」「キャリア相談」のような個別の面談を設けることで、接点を持つハードルを下げることができます。

●社員や自社商品・サービスとの接点を設ける

　最後に、「**企業やサービスのファン**」というかたちを実現したい場合は、アルムナイに経営陣や社員、そして自社商品やサービスとの接点を持ってもらうようにしましょう。ネガティブな感情がない場合であっても、人も商品・サービスも直接の接点がなくなるとマインドシェア（人の心の中に占める割合）が下がってしまうものです。イベントやオンラインのコンテンツに経営陣や社員が顔を出したりして積極的に接点を持ったり、商品・サービスは時にはアルムナイ向けのディスカウントをするなどして接しやすくする工夫も必要です。あるレストラン運営企業では、新メニューの試食会にアルムナイを招待したり、店舗で使えるクーポンなどをアルムナイに提供しています。また、マイクロソフトアルムナイは$49か$99の年会費を払うことで、年額21,000円相当のMicrosoft 365 Familyを利用できたり（このプランは家族や友人5名と共有が可能）、LinkedIn Premium Business が75%オフで契約できたりします（2024年8月執筆時現在）[11]。

　これは大胆な例かもしれませんが、どんな方法でもいいので、アルムナイの自社商品・サービスや自社に対するマインドシェアを高く維持する工夫が必要です。

よく聞かれる懸念・注意すべきこと

　本章の最後に、アルムナイ・リレーションシップの構築を検討される企業からよく受けるご質問をまとめておきます。

Q.退職者が増えてしまいませんか

　企業から、最も頻繁に聞かれる懸念が、「アルムナイ・リレーションシップの構築に注力すると退職者が増えてしまうのではないか」という

第3章 ● 関係構築のステップとポイント

ものです。今までは、「ただ退職をしたら縁が切れてきた」ものを、（会社によっては恐怖政治的な手法で二度と敷居を跨がせなかったものを）「これからは退職者との関係を大切にします」とメッセージを変えることで、社員が「誰でも再入社が可能」と捉えてしまい、安易に退職をする人が増えてしまうのではないか、ということのようです。

　実際に退職者が増えるかというと、そのような事実はありません。まず前提として、「カムバックパス」などを出して一定期間であれば無条件で再入社を可能にしているような一部の企業を除き、退職した人は無条件で誰もが再入社できるわけではなく、通常の中途採用と同様の面接などを経るステップを設けているでしょう。アルムナイの取り組みを社内に周知する時は、「誰もが無条件で再入社できるわけではない」という事実もあわせて伝える必要があります。また、アルムナイ・リレーションシップの構築に取り組んでいる企業は、決して社員が安易に退職をする関係を是としているわけではなく、あくまで退職という重大な決断をしたとしても、それによって関係を終わらせない、と表明するだけです。場合によってはそのことも社員に対するメッセージに含めることで、安易な退職は防げます。

　アルムナイとのつながりの構築は社員のエンゲージメントに良い影響を与え、安易な退職を増やすどころか、無駄な退職を減らせる効果が大きいと考えています。「退職をしたら縁が切れる。そして二度と敷居を跨がせない」という考え方では、社員は自分たちが重要な存在と見られているとは感じません。逆に、「たとえ退職をしたとしても、一度弊社に入社した人材はつながり続けたい存在である」という企業の姿勢を見せることは、社員に「自分たちは重要な存在と見られている」と感じさせ、企業に対するエンゲージメントに良い影響を与えるはずです。ここまで触れてきた、アルムナイとの関係によって社員に対して提供するメリットとあわせて情報提供を行うことで、安易な退職を減らすことができるでしょう。

137

Q.再入社した人が活躍できるか心配です

　過去に再入社者が少ない企業でよく聞かれるのは、アルムナイ採用で再入社した人が出た場合に活躍ができるのか、という不安です。この不安の背景にあるのは「その人が辞めていた間に働き方や業務フローも変わったし、再入社者本人の仕事の進め方も変わっているだろうから、フィットするだろうか」というものや、「再入社する職種は退職時のものと違うが、キャッチアップできるだろうか」といったものです。

　再入社者を受け入れる際に重要なのが、適切な再オンボーディングです。再入社者は過去に在籍していたことがあるため、受け入れる側も「言わなくてもわかっているだろう」とほったらかしがちです。当然、完全な新規外部採用と比べればオンボーディングで伝えることは少なくて済み、圧倒的にキャッチアップは早くなります。一方で、在籍時とは変わっていることもあるため、新規入社者と全く同じプログラムまでは必要ないものの、退職時と再入社時の差分を埋めるだけの再オンボーディングを行うことで、早期の活躍が期待できます。

　また、もう1つの重要な点としては、直接のレポートライン以外にも、再入社者と一緒に働くことになる社員に対して、再入社者が社外で得た経験やスキル、そしてそれを発揮して担ってもらう役割や期待などを伝えて共通認識を持つことです。受け入れ側の社員が再入社者の退職前のイメージを引きずり過ぎてしまい、以前と同じ期待で接してしまうと、再入社者がせっかく外で培った経験を活かせないことがあります。退職から再入社までの変化をお互いが知り、尊重し合うことで、早期の活躍につながります。

Q.情報漏洩が起きないか心配です

　「アルムナイと関係を構築すると、機密情報の漏洩リスクがあるのではないか」という心配も耳にすることがあります。これについては、多くのアルムナイとは秘密保持契約などを締結している関係ではないため、

退職後には機密情報を共有しないことが基本となります。協業などの相談で機密情報を共有する必要がある場合には秘密保持契約を結ぶなど、通常通りの対応をすれば問題ありません。

それよりも気にすべきことは、アルムナイが「退職前に取得している機密情報」です。本人が記憶している情報まで、完全に削除することはできません。ただ、退職した個人が悪意を持ってそのような機密情報を利用するのは、企業との関係が良好ではない時です。良好な関係がないために「出身企業に迷惑をかけるようなことはしない」という気持ちが働かず、機密情報の悪用まではいかずとも、非関係者に口頭で伝達されてしまう、などということが起こります。

逆に、出身企業との関係が良好なアルムナイは、出身企業に迷惑をかけることがないように細心の注意を払います。アルムナイと良好な関係を築くことは、情報漏洩などのリスクを減らしさえするのです。

本章では企業がアルムナイとの関係構築を始めるための具体的なステップをご説明しました。第4章では、アルムナイ・リレーションシップとその取り組みを長く持続させるためのポイントを見ていきます。

注

1 経済産業省 「人的資本経営の実現に向けた検討会報告書〜 人材版伊藤レポート2.0〜」
https://www.meti.go.jp/policy/economy/jinteki_shihon/pdf/report2.0.pdf

2 リチャード・ブランソンのXポスト https://x.com/richardbranson/status/449220072176107520

3 トヨタイムズ「豊田章男からのメッセージ 〜"自分"のためにプロになれ！〜」
https://toyotatimes.jp/spotlights/newyear_message_2019/001.html

4 日本マンパワー シリーズ連載「人的資本経営は誰のために？」『社会との懸け橋』アルムナイが、
企業の存在価値を高める（後編）』
https://future-career-labo.com/2024/01/12/sakai52/

5 アルムナビ 「衆知を集める。パナソニックグループアルムナイの目指す姿」
https://alumnavi.com/panasonic/

6 アルムナイ研究所「中外製薬アルムナイ事務局×篠田真貴子氏／準グランプリ記念対談」
https://alumni-lab.jp/chugai/

7 アイデアソン：アイデアとマラソンを掛け合わせた造語。新たなビジネスアイデアの創出を目的
に、参加者が小さなグループで特定のテーマについて短期間でアイデアを出し合うイベント。

8 PRTimes「リスキリング需要に対応するため、APACで唯一となるライブアクションステージ形
式のLinkedInラーニングの制作スタジオを開設 〜日本の登録メンバー数が400万人を突破〜」
2024年8月
https://prtimes.jp/main/html/rd/p/000000049.000066809.html

9 CNET Japan「フェイスブック ジャパン長谷川代表が語る「退任の真意」─独占ロングインタビ
ュー」2019年 https://japan.cnet.com/article/35139021/

10 総務省「令和4年就業構造基本調査結果の要約」
https://www.stat.go.jp/data/shugyou/2022/pdf/kyouyaku.pdf

11 Microsoft Alumni Network, 「Maximize the power of the Alumni Network. Become a member
today!」（刊行当時の情報）
https://www.microsoftalumni.com/s/1769/19/interior.aspx?sid=1769&gid=2&pgid=465

第 **4** 章

つながりを持続させるための
ポイント

3章はアルムナイ・リレーションシップの「始め方」の話でしたが、本章はそのつながる取り組みを「持続させるためのポイント」についてお伝えします。アルムナイ・ネットワークやコミュニティを持続させる難易度を高くするのは「参加者の多様性」です。一方で、アルムナイ・ネットワークやコミュニティの価値を高めるのも「参加者の多様性」です。何に留意すれば多様な参加者が共存する場所を持続させられるのかを見ていきます。

①4th Placeとしての場づくり

②創造者だけを創造者としない

③顔が見える場所にすることで心理的安全性を高める

④全員にGiverになることを求めない

⑤社会関係資本の強化を支援する

⑥人も企業も変わることを前提に、今と未来を見る

⑦必ずしも場を"盛り上げる"必要はない

⑧ガイドラインは「べからず」よりも「べし」を伝える

⑨コネクターの役割を果たす

⑩アルムナイからサポーターを募集する

⑪FOMO（取り残される恐れ）を利用する

⑫忘れられない頻度でイベントを開催する

⑬喜ばれるものを提供する（パークス&ベネフィット）

　なお、本章で「アルムナイ・ネットワーク」と記載した場合、「コミュニティ」の意味も含めていることがあります。

多様な参加者が共存する場を持続させるには

①4th Placeとしての場づくり

　企業やアルムナイ毎に目指す関係やニーズは異なるため、アルムナイ・ネットワークやコミュニティの運営は企業組織の運営とは大きく異

なりますし、ひとつの強い共通目的を持ったコミュニティの運営とも同じではありません。

　一般的に、生活に欠かせない場所として存在する家庭を「1st Place」（ファースト・プレイス）、そして職場を「2nd Place」（セカンド・プレイス）と呼び、家庭や職場とは離れて存在する居心地の良い場所のことを「3rd Place」（サード・プレイス）と呼びます。3rd Placeは「心の拠り所として人々が集う場所」であり、家庭と職場とは別にあるカフェやバーなどが例として挙げられます。

　アルムナイ・ネットワークやコミュニティは、この3つのうち、どれに当てはまるでしょうか。企業側でオフィシャル・アルムナイ・ネットワークの事務局を担当する人や、フリーランスや起業をしていて有志のアン・オフィシャル・アルムナイ・コミュニティの事務局をする人にとっては仕事そのものであったり、仕事につなげたいという考えがあるため2nd Placeの側面があります。また、企業とアルムナイとの関係が自身のアイデンティティや「心の拠り所」となる時もあるので、3rd Placeの側面もあるでしょう。

　ただ、1st・2nd・3rdのどれにも収まらない場所も存在します。それを「4th Place」（フォース・プレイス）と本書では呼びます。

　この **「4th Place」とは、家庭でも職場でも3rd Placeでも満たされない、小さいニーズから大きいニーズまでを満たす場所です。** ビジネスの協業ができるパートナーを探したいと思っているアルムナイはそれを目的としたサブ・コミュニティに参加したいでしょう。育児や介護などを理由に数年仕事から離れていて、仕事を再開したいと考えている人はキャリアを相談できるキャリアカウンセラーやそれに近い経歴を持った人や、今後自分がしたいと思う仕事をしている他のアルムナイとつながれるサブ・コミュニティがあれば参加します。同じ会社の出身であるという4th Placeとなる大きな「○○社アルムナイ・ネットワーク」の中に、それぞれにとってのサブ・コミュニティをつくることで、「全ての

人にとって居る理由がある場所」にすることができるのです。

②創造者だけを創造者としない

巷で「90対9対1の法則」または「1%ルール」と呼ばれている法則があります[1]。これは、「コンテンツを創って提供する人はごく一部にすぎず、大半の人が消費者側である」という考え方です。

- ・1%の創造者（Creators）：コンテンツを創造する人。ネットやSNSでは投稿などを行い、コミュニティでは投稿などに加えて、イベントの企画運営などを行う人。
- ・9%の貢献者（Contributors）：創造者が創るコンテンツを利用したり、拡散したり、「いいね」などのリアクションをする人。
- ・90%の潜む人（Lukers）または観察者（Observers）：創造者が創ったり、貢献者が拡散したりしたコンテンツを閲覧する人。稀にリアクションを行う。

「一緒にビジネスを創る」といった強い目的を持ったサブ・コミュニティでは、この「90対9対1」の比率を「50対40対10」にすることを目指すのも良いでしょう。ただ、多様な参加者が混在するアルムナイ・ネットワークやコミュニティを長期的に持続させるためには、できるだけ皆に1%のCreatorや9%のContributorになってもらうことを促進しながら、LukerやObserverとしての参加も良しとすることが重要です。強い共通目的や価値観を持つサブ・コミュニティほど「全員が積極的に投稿やリアクションすべき」「貢献をしないものは去れ」という価値観に染まりがちですが、誰もが居心地の良い場にするには、LukerやObserverを排他的に扱うべきではありません。

また、アルムナイ・ネットワークにおいては、インターネット上や他のコミュニティでCreatorでない人でも、他の参加者にとってCreatorに

第4章 ● つながりを持続させるためのポイント

図4-1　90対9対1の法則

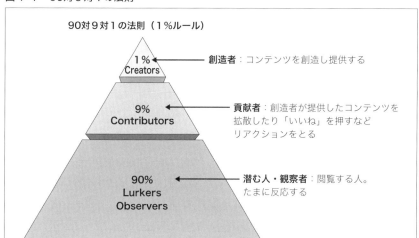

出所：Jake McKee&90-9-1.com等を参考に作成

なりうるのです。例えば、アルムナイ・ネットワークに参加する人の多くが、他のアルムナイの退職後の経歴や仕事内容などに興味を持っています。実際に、アルムナイ・ネットワーク専用のクラウドシステム上では、登録者の経歴情報が、他の情報に比べて閲覧時間が非常に長い傾向にあります。投稿をしたり、イベントで登壇するほど明確な「Creator行動」ではなく、自身のプロフィールを登録するという行動だけでも、他のアルムナイにとってのCreatorとなれることを本人にも伝え、居心地の良い場所にしましょう。

　参加者の目的によっては、LukerやObserverとつながれることが、アルムナイ・ネットワークの大きな価値となります。例えば、アルムナイが他のアルムナイとのビジネス協業や、他のアルムナイの採用を考えていた場合、対象となる人がCreatorやContributorタイプであるとは限らず、LukerやObserverの中にも対象となる人がいる可能性が高いものです。継続的な創造や貢献を強要されず、LukerやObserverとしての参加

を良しとすることで、参加者同士がお互いにとってのコンテンツとなり、持続的な運営が可能になります。

> **ストーリー**
>
> # 創造者から見た観察者
>
> 　上場IT企業A社で取締役を務めるZ氏はCreatorタイプ。A社へ転職する前は大手金融機関B社で要職を務めていました。ある時B社の人事部にいる元同期のY氏から連絡があり、「公式なオフィシャル・アルムナイ・ネットワークを構築するので、オフラインのイベントやオンラインでのコミュニケーションに協力をしてほしい」と頼まれました。当初、Z氏はY氏に対して「退職した今でも、社内のキーパーソンには個人的に直接連絡ができるし、ビジネス界で活躍しているアルムナイとは個人的につながっている。自分にとって価値があるネットワークの広がりが期待できない」とネガティブな反応を見せましたが、「最初はB社への恩返しだと思って協力してくれないか？　後々Zさんにとって価値があることを必ず証明するから」と、Y氏に押し切られて協力をすることにしました。
>
> 　Z氏は、B社が導入したアルムナイ・ネットワーク専用のシステム上で定期的にA社のビジネスについて発信をしたり、イベントで登壇するなど、それこそCreatorとして活動しました。1年ほど経った頃、Z氏はY氏に対して「巻き込んでくれてありがとう。今までの個人的なネットワークでは発生しなかった新しいつながりができたよ」と伝えました。Z氏は、自身の投稿にコメントやリアクションをくれるContributorタイプの人だけではなく、システムに登録している人の名簿を見て、投稿やリアクションが少ないLukerやObserverタイプではあるものの、協業ができそうな人や自社の採用ターゲットになりそうなアルムナイなどにメッセージを送ったところ、実際に商談につながったり、求人に応募してもらえたのです。また、登壇した内容に興

味を持ったB社の社員から、顧客紹介に関する問い合わせもありました。

Z氏は「普段からどうしても同質的な人ばかりで集まってしまうが、違うタイプの人とつながるのはなかなか難しい。同じB社にいたという事実を共通項に、今まで接点がなかった人たちとつながれることはとても価値が高い」と語りました。Z氏のようなCreatorタイプから見ても、LukerやObserverの存在意義は大きいのです。

③顔が見える場所にすることで心理的安全性を高める

普段からCreatorやContributorとして積極的に行動するタイプではない人にとって、継続的な創造や貢献を強要されないことが場所の居心地を良くしますが、他にも、心理的な安全性が高い場にするためには、お互いの顔を見えるようにすることが重要です。

企業として公式に運営しているオンラインのアルムナイ・ネットワークであれば、**プロフィール情報の登録を促進したり、定期的に自己紹介リレーなどを実施することでお互いの顔が見えるようになります。**また、LukerやObserverタイプの中には「他己紹介されるのは問題ないが、自己紹介はハードルが高い」という方もいます。本人の許可を得た上で、事務局が本人の代わりにアルムナイの紹介をすることで、顔が見える場所にしながら、他の参加者にとって価値のあるコンテンツを増やすことが可能です。ここでも重要なことは、創造や貢献を強要するのではなく促進し、行動する際の障害を取り除いてあげることです。

④全員にGiverになることを求めない

一般的なコミュニティ運営などでよくいわれることのひとつに「Give&Take」の「Takeではなく、Giveから始めよう」というものがあります。アルムナイ・リレーションシップ構築の際は、どちらから始めるべ

きなのでしょうか。

　結論からいえば、最初は「Give」から始めるのが適しているといえるでしょう。公式でも非公式でも、運営側としてアルムナイ・ネットワーク（コミュニティ）に時間や費用を投資するのであれば、「ROI（Take）は十分か？」といった視点が出るのは当然ですし、いつまでもTakeがなければ持続的な活動は難しいものです。参加するアルムナイも同じように「ここに参加するメリットは何か？」と考えるでしょう。そのため、どちらかというと、まずはTakeの方から考えてしまう方が多いかもしれません。

　しかし、最終的に自社が目指すアルムナイとの関係を実現することが企業にとっての「Take」とすると、すぐに何かを得るのは難しいため最初から目に見える成果を得ようとせず、まずはアルムナイや従業員など、何かを求めてくる人たちに「Give」できればいいと考えるのが現実的です。

　実際、明確な目的を持ってアルムナイ・ネットワークに参加している人は、Giveから始めているケースが多いように思います。例えば、私の知人はあるITベンチャー企業の有志によるアン・オフィシャル・アルムナイ・コミュニティの運営事務局をしていました。彼は「最初の３年間は投資として考えていて、参加しているアルムナイにGiveするだけでもいいと考えている。その後、恩恵を受けた人が、自分の経営する会社に仕事を発注してくれたり、この活動自身が自分のブランディングになればいい」と言っており、Giveから始める明確な理由を持っていました。

　Giver（与える人）の存在がとても重要な一方、全員にGiverになることを求めるのは避ける方が良いでしょう。明確な目的がない状態で参加していたり、他のアルムナイとの緩いつながりを目的に参加しているアルムナイの中には、アルムナイ・ネットワークに対する実利的な欲求が弱く、Takeをするイメージが湧いていない人もいます。そのような人の中には、いきなりGiveする（貢献する）ことを求められると負担に感

148

じて距離をとってしまう人もいるため、まずはその人がTakeを得るか、TakeのイメージができるまではGiveを続けることで、結果的に中長期なGive&Takeが成り立ち、持続する関係の構築が可能になります。3章で見た通り、ヒアリングなどを通じて把握したアルムナイのニーズを満たすような施策を実施することで、企業側がGiveすることから始めると良いでしょう。

⑤社会関係資本の強化を支援する

稀に、アルムナイとの関係構築を検討している企業から「在籍時の人事評価をベースにつながるアルムナイを選定してつながりたい」という言葉を聞くことがありますが、私はこのような考えに反対の立場です。懲戒解雇などの処分を受けた人の扱いは慎重にする必要がありますが、それ以外のアルムナイは在籍時の評価に関係なく、できるだけ多くの人が参加可能なアルムナイ・ネットワークにすることが理想だと考えます。

なぜなら、アルムナイ・ネットワークは、企業にとっての人的資本を拡張するだけの場所ではなく、アルムナイや社員にとっての社会関係資本を強化するための場所であるべきだからです。企業との関係に、アルムナイが社会関係資本としての価値を見出す可能性があるのであれば、つながりを構築すべきです。また、アルムナイや社員に対し、アルムナイ同士や社員とアルムナイのつながりを支援すること自体が、企業から彼らに対するGiveとなります。

また、「企業とアルムナイの関係」は「企業と社員の関係」とは異なり、雇用関係にあるわけではありません。ファンとして企業を応援してくれる立場になるかもしれないですし、お互いにとって貴重なビジネスパートナーになるかもしれません。クライアントになることもあれば、社員のメンターになることもあるでしょう。役割や関わり方が変われば、そこでのパフォーマンスや評価は変わるものであり、在籍時の人事評価はなおさら参考材料にならなくなります。

⑥人も企業も変わることを前提に、今と未来を見る

　企業がアルムナイに対して在籍時の評価や印象を持ち続けるのと同様に、アルムナイも企業に対して在籍時の印象を持ち続ける傾向があります。もしもあなたが現在勤める企業で、新しい領域の事業に取り組んだり、働き方や人事制度を大きく変革させようとしている時に、「あの会社にそんなことができるわけがない」と言っているアルムナイがいたら、どう感じるでしょうか。「あなたが知らない間に会社が変わったことを知らないくせに」と思うのではないでしょうか。技術革新が速い現代においては、数年間で企業が置かれる事業環境は変化しますし、それに伴って組織も大きく変化することがあります。数年前までは全くいなかったAIエンジニアやデータサイエンティストなどの新しい人材を多く抱えている企業も少なくありません。ただし、このような変化は社外からは見えにくいもので、アルムナイがその変化を知らないのも無理はありません。事業や社内環境の変化が、経営陣や現役社員には当たり前であったとしても、アルムナイに対してはしっかりと発信することが重要です。実際、アルムナイ・リレーションシップの構築に取り組む多くの企業が、社内報の一部をアルムナイに公開しています。アルムナイ・ネットワーク上での社内報の開封率は社員よりも高いことが珍しくなく、アルムナイが企業の変化を知りたがっていることがわかります。

　また、アルムナイの側も、退職後に新しい知識やスキルを身に付けたり、全く新しい職種で活躍をするなど、変化、成長しています。ある金融機関では、大学で統計学を専攻して新卒で営業職として入社したものの、勤務した３年間の評価はそこまで高くなかった社員が、退職後に異業種でデータサイエンティストとして活躍をしていることがわかったケースがありました。お互いが望めば、協業または再入社などの展開があるかもしれません。良好なアルムナイ・リレーションシップがなければ、企業がこのアルムナイの活躍を知ることはなかったでしょうし、この金融機関が今はデータサイエンスを強化していることをこのアルムナイが

第4章 ● つながりを持続させるためのポイント

知ることもなかったでしょう。**在籍時の印象、そしてスキルや評価など
の「過去」に縛られ過ぎず、お互いの「今と未来」にフォーカスするた
めにも、企業側は自社の変化をアルムナイに対して伝え、アルムナイ側
の変化を知るための仕掛けをつくると良いでしょう。**

　知識やスキルだけではなく、人の気持ちも変化します。アルムナイ・
リレーションシップの構築を検討している企業の方から「うちの退職者
はネガティブな感情のまま退職している人が多いので、つながってくれ
るか不安」「退職時にお互いにポジティブな印象を持っていそうな人だ
けを対象にしたい」ということをよく相談されます。もちろん企業ごと
の状況にはよるものの、ほとんどのケースで企業側が想像している以上
にアルムナイ側の感情はネガティブなものばかりではなく、企業に対す
る気持ちや印象がポジティブに変化しているアルムナイが多く存在する
ものです。3章でも触れましたが、特に新卒入社者は、他社を知らない
が故に「隣の芝が青く見える」ことも珍しくなく、退職した後に改めて
辞めた会社の良さを実感したり、在籍時にはネガティブに捉えていた会
社の仕組みが実はとても良いものであると気づくこともあります。また、
以前抱いていたマネジメントに対する不満も、自身がマネジメントを経
験するなど、立場が変わることでポジティブな感情に変わることもあり
ます。

　したがって、「退職時にお互いにポジティブな印象を持っていそうな
人」だけを対象にするということは、気持ちや感情の変化があって今は
ポジティブな印象を抱いてくれている人を排除してしまう恐れがありま
す。退職時は悲しい別れをしていても、その人の今の感情を知り、つな
がることが選択できれば、より価値のあるネットワークやコミュニティ
を形成できます。

151

ストーリー	## 様々な経験で180度変化した 企業に対する気持ちや感情

　筆者の鈴木自身、３社のアルムナイであり、勤めた企業に対する気持ちが180度変わったという経験の持ち主です。少し長くなりますがアルムナイとしての私のストーリーを聞いていただきたいと思います。

　私がカナダの大学を卒業する時、大きく分けて３つのキャリアの選択肢がありました。１つめはそのままカナダで就職をすることで、カナダの生活が合っていた自分にとっては第１候補となるものでした。第２候補は、当時学生生活を送るかたわらで計画していたビジネスを試してみるというもの。日本車のパーツを輸入してアメリカやカナダで販売するというビジネスですが、車が大好きだった当時の私にとって、それを生業にカナダで生活できるということはとても魅力的に感じられました。しかし、最終的に私が選択したのは、第３候補だった、日本に帰って就職をするという選択肢でした。

　当時カナダの大学で順調に卒業に向かっていたものの、やはり言語などのハンディキャップを感じていた私は、将来的に海外でビジネスをしていくためには、日本人であることを強みにすべきだと実感していました。そのため、日本の商習慣やビジネスマナーなどを何も知らないままでは、日本人ビジネスマンとしての強みを生かしきれないと考えるようになり、「日本企業の仕事の仕方」「日本企業のカルチャー」などをしっかりと身につけるために、ファーストキャリアでは「ザ・日本企業」に就職にすることを決めました。海外留学生向けの募集などを中心に就職活動をした結果、海外でも強いブランド力を持つ日系の自動車関連メーカーに就職をすることができました。

　せっかく入社させてもらったのですが、当時カナダから帰国したばかりで"外国かぶれ"していた私は、何か自分の思う通りにならないことがあると、外資系企業の働き方も大して知らないくせに、「これは日本企業の良くないところだ」とか「海外ではこれはあり得ない」な

152

どと言って、自分を正当化しようとしていました。社歌やその他の社内活動を「無駄」だと言ったり、長い承認フローをすっ飛ばそうとして上司に怒られたりしていました。恥ずかしながら、入社前に自身が掲げていた「日本企業の仕事の仕方や日本企業のカルチャーなどをしっかりと身につける」ことを成し遂げる前に、在籍1年弱で退職してしまいました。いろいろな教育の機会をいただいたにも関わらず、その頃お世話になった皆さんには本当にご迷惑をおかけしました。

　当時IPO直後だったベンチャー企業に転職した私は、自分を正当化したい気持ちもあり「やっぱり大企業とは全然違うな」などと言ったりしていました。その転職から現在経営している会社を設立する2017年までの12年の間に、前々職ではグアムで30人くらいのチームのマネジメントをしたり、前職では日本で複数のプロジェクトチームを率いたり、東南アジアで1人で事業の立ち上げをした後にチームをつくったりという経験をしました。その後、2017年に2人で設立した会社は、日本とフィリピンを合わせて50名のチームになっています。

　数名や数十名の規模でも、チームをリードする時に「どうやってミッションやビジョンを浸透させるか」「どうやって全社の一体感を出すか」というのはとても難しい課題です。チームで「Win session」という「ビジョン実現に貢献したような出来事や、テンションが上がったWinをシェアする会議」をやったり、過去にはオフィスでみんなで運動をしたり、といろいろな取り組みをしています。

　最近では「若い社員は会社の飲み会に参加したくない」というニュースも多い一方で、働き方改革が進み、会社全体で一体感を醸成することが難しくなってさている昨今、社内旅行やシェアハウス的な社員寮などが改めて注目され、復活してきているという動きもあります。私が無駄だと言った社歌に関しても、日本を代表する作曲家の方とお話をした際に「最近は新興企業からも社歌をつくる相談などが増えてきている」と聞きました。私の会社のようなまだ小さな組織ですら、

153

ミッションやビジョンを浸透させたり、社内のコミュニケーションを増やしたり、一体感を強めるためのそのような取り組みの重要性は、経営者としてとても理解できます。

　私が新卒で入社した会社は国内で数千名、グローバルで1万数千人の社員がいました。その規模のグローバル企業で社員全員が一体感を持つことは非常に難しく、その中で経営陣が試行錯誤しながらあのような取り組みに投資をしてくれていたことが、その会社を退職してからの20年、様々な経験をすることで段々とわかるようになり、今となっては感謝と当時の自分の未熟さに対して申し訳ない気持ちでいっぱいです。

　また、私の会社のように数十名規模でも、様々なルール化や業務の平準化などの必要性が強くなり、数名の時と比べると仕事の効率が悪くなるということもあります。数千人の企業で長い承認フローのようなルールが必要なことなど当たり前なのに、それに気づかず偉そうに文句を言っていたことも恥ずかしくなりました。

　このように振り返ってみるとめちゃくちゃなのですが、当時の私は完全に自分が正しいと感じていました。正確に言うと、私が間違っているところも少しは気づいていたものの、正当化したいという気持ちが強かったと思いますが、今ではこの企業に対する気持ちや感情は当時から180度変わっていて、人生のどこかでお返しをしたいと考えています。もちろん誰もが私のような不義理をしているわけでも、誰もが同じように感じるわけではありません。ただ、退職した後に多種多様な経験をすることで、退職した会社に対する見方が変わり、会社に対する気持ちや印象がネガティブなものからポジティブなものに変わったり、ポジティブな気持ちや印象がさらに強くなったりすることはよくあることです。

　退職後にこのような気持ちや感情の変化があったアルムナイが、アルムナイ・リレーションシップの対象外とならないこと、そしてアル

ムナイ・リレーションシップができることで、企業と個人の幸せな再会が多く生まれることを望んでいます。

⑦ 必ずしも場を"盛り上げる"必要はない

アルムナイ・ネットワークやコミュニティの持続を考える際、いかにその場を活性化させるかを考えることになります。ここではその場を「盛り上げる」ということについて取り上げます。

アルムナイ・コミュニティは通常、いくつかの層が重なっているものになることが多いです。そして、多様なアルムナイが存在する大きなコミュニティと、特定の強い共通目的を持つサブ・コミュニティは、盛り上げ方もその目指したい状態も異なって当たり前です。

というのも、1章でも触れましたが、本来「コミュニティ」という言葉には、同じ地域に住む人であったり、同じ特性を持つ人のグループ、という意味があり、目的や熱量の異なる人が存在するものです。例えば、「人口数千人の町」の地域コミュニティには、90歳のおばあちゃんから55歳の地場企業のオーナー社長、そして日本に英語を教えにきている20代のアメリカ人英語教師からその教え子の小学生まで、幅広いコミュニティメンバーが存在します。その地域には町内会というサブ・コミュニティがあり、その中には地域経済を盛り上げようとする若手ビジネスパーソンで形成される青年部や、地域の子供を守るための防犯部、そしてカラオケなど共通の趣味を持つ人の同好会など、目的も参加者も熱量も異なるサブ・コミュニティが存在します。

そして地域経済を盛り上げようとする若手ビジネスパーソンで形成される青年部であれば「全員が積極的に活動を提案したり参加して貢献すること（CreatorやContributorになること）」「年会費は3万円」などと決めてコミュニティを盛り上げていくという運営方針を掲げることに違和感はないでしょう。しかし、90歳のおばあちゃんが参加するカラオケ

155

同好会には「4人以上集まれる日は開催」「参加者で実費精算」のような緩い運営の方が合っています。しかし、青年部に所属する若手が90歳のおばあちゃんが趣味でつくる工芸品を販売するというつながりができるかもしれないですし、それを海外に売ろうとする時に20代のアメリカ人英語教師の力を借りることがあるかもしれません。このように、それぞれのサブ・コミュニティの運営方針は異なるものの、それを包括する大きなネットワークやコミュニティの存在が、サブ・コミュニティの活動に役に立つ、ということは日常生活でも起きています。

　<u>同じように企業とアルムナイ、そしてアルムナイと社員やアルムナイ同士の関係においても、全体の大きなネットワークやコミュニティと、特定の目的を持つ人によるサブ・コミュニティの運営方針は異なって良いでしょう。</u>アルムナイ同士のビジネス協業や情報交換を目的とするサブ・コミュニティでは、この町の青年部のように、参加者の貢献の仕方を明確に定める運営方針を掲げることに違和感はないでしょうが、もっと緩く企業やアルムナイの近況を知りたい人にとっては少し重たいと感じる可能性があります。一方で、これも町のコミュニティ同様、企業全体のネットワークやコミュニティには参加するものの、青年部のようなサブ・コミュニティには参加しないアルムナイも当然発生します。特定のサブ・コミュニティに貢献できる人が常にそこに参加したいわけではないし、そこに参加していないからといって貢献できない人というわけではないのです。

● 「盛り上がる」とはどういう状態か？

　そのような、様々な目的や熱量の参加者がいる集まりを、企業公式のオフィシャル・アルムナイ・ネットワークやコミュニティとして継続するためには、一般的なコミュニティ運営で重要とされる「盛り上がる」という言葉をしっかりと定義し、必ずしも「盛り上がる」ことを目的にしないことが重要です。

一般的に"盛り上がっているコミュニティ"とは、参加者が全員CreatorやContributorのような動きをしていて、イベントの参加者が多く、オンライン上では投稿やリアクションが多く、DAU（デイリー・アクティブ・ユーザー）率やWAU（ウィークリー・アクティブ・ユーザー）率がとても高い、といったものではないでしょうか。特定の強い共通意識や目的を持つコミュニティにおいては、このような指標と、それを目指すための運営方針を掲げることは間違っていません。実際に、アルムナイとの関係構築を検討する企業の方から、コミュニティを盛り上げられるか不安だというご相談を受けることも少なくありません。

その時にお尋ねするのが、そもそも貴社の**アルムナイ・リレーションシップにおいて「盛り上がる」とはどういうことで、ネットワーク、コミュニティ、サブ・コミュニティのどのレイヤーで「盛り上がる」必要があるのか**、ということです。

まず、全てのアルムナイが参加する全体のネットワークやコミュニティにおいて、私たちは企業に対してDAU率やWAU率ではなく、MAU（マンスリー・アクティブ・ユーザー）率を参考にするようにお勧めしています。月に一度は接点を持っている状態が、お互いに忘れることがなく適度なマインドシェアを維持できる適切な距離感の目安となるからです。

次に、多くのアルムナイから積極的な投稿がある状態はもちろん望ましいのですが、全員がそのような行動をとれるわけではありません。積極的な投稿をするアルムナイが50人いて投稿率が50%の場と、そうでないアルムナイも含む500人からの投稿率が5%の場のどちらを目指すのか。前者を目指すのであれば、あまり投稿しない多くのアルムナイを排他的に扱うことになりかねませんが、サブ・コミュニティでは実現可能でしょう。**アルムナイ・リレーションシップのインフラとして企業がつくるべきは、投稿率などに引っ張られ過ぎずに、様々なアルムナイが月に一度は接点を持っている状態、ということです。**

ある企業のオフィシャル・アルムナイ・ネットワークのシステムでは、アルムナイからの投稿は数カ月に一度くらいしかない一方で、登録者は約500名いて、MAU率は75％を超え、企業からの発信もアルムナイによく読まれています。全体での投稿はほぼないにも関わらず、企業とアルムナイや、アルムナイ同士でプロフィールの閲覧などを通じて近況を知り、DMでの個別のやりとりをするインフラとして成り立っており、既に数十件の再入社や数件のビジネス連携が発生しています。また、個別のやりとりから特定の領域でビジネスをしているアルムナイと社員での少人数のサブ・コミュニティが構築されていて、ここでは全体とは異なり頻繁なやりとりが行われています。この企業のアルムナイ事務局をしている人事担当者は、「全体のオープンな場でのコミュニケーションを避けて、小さなクローズドな場でのコミュニケーションを好むのは当社のアルムナイらしい。<u>全体の場で無理に盛り上がることを目指していない。お互いを知るためのインフラとなり、一部のサブ・コミュニティなどが盛り上がればそれでいい</u>」と言います。

　サブ・コミュニティは、目的によっては「盛り上がる」コミュニティを目指すことが合っているものもあるので、その場合は有志の社員やアルムナイに運営を任せるのも良いでしょう。重要なことは、アルムナイ・ネットワークでは、全体で発信ややりとりが表立って活発に起きている「盛り上がる」状態だけが、必ずしも正ではない、ということです。

⑧ガイドラインは「べからず」よりも「べし」を伝える

　日本では過去にアルムナイと関係を築いたことがある人も、アルムナイ・ネットワークやコミュニティに経験をしたことがある人もまだ多くありません。そのため、ネットワークやコミュニティに参加をしても何をすれば良いのか、またはしてはいけないのかがわからずに迷ってしまう人がいます。そこで、全体のネットワークやコミュニティ、そしてサブコミュニティごとにガイドラインをつくることで、参加者が行動をし

やすくなります。

　ガイドラインをつくる時に重要なのは、それが企業などの雇用関係に
ある社員の組織でのルールや制度とは全く異なる性質のものであると理
解することです。アルムナイ・ネットワークやコミュニティは個人が自
分の意志で自主的に参加をするものであり、誰かに強制されるものでは
ありませんし、本来ルールや制度によって縛られるものではありません。
組織のルールは「べからず集」のようなものも珍しくありませんが、企
業としてアルムナイ・ネットワークやコミュニティをどのような場にし
たいと考えているのか、そしてそのような場をつくって維持するために
参加者にどのような行動をとってほしいのかを伝えるためには、Don'ts
（べからず）ばかりではなく、Do's（べし）を伝える方が適しています。

　例えば、「在籍時の上下関係を持ち込まないようにしてください」と
いうDon'ts（べからず）を伝えるよりも、「フラットな関係で気持ちの
良いコミュニケーションを心がけましょう！」というDo's（べし）を伝
えられた方がルールに縛られている感を与えません。他にも、Do'sをガ
イドラインで明確に示すことで、アルムナイに「こうやってこの場を活
用していいんだ」ということが伝わるため、Do'sはしつこいくらいに伝
えていきましょう。

〈Do's（べし）の例〉
● 自己紹介を書いて、お互いに顔が見える場にしましょう！
● プロフィールの参加目的を選択して、自分に合った情報を受け取
　りましょう！
● いいね！などのリアクションは投稿者にとって嬉しいものです。
　気軽にいいね！などクリックしてみてください！
● トークルーム（サブ・コミュニティをつくる機能）は誰でも気軽
　に作成してください！　「ママ友探し」や「フットサル仲間探し」
　など、ビジネスに関係ないものも大歓迎です。

●イベント案内やサービスの紹介などは、こちらのトークルームで積極的に発信してください！
●名簿の「利用目的検索」から、同じ利用目的で参加しているアルムナイを見つけて、メッセージをしてみましょう！
●特定の部署や社員との協業要望などは、事務局DMにご連絡ください！　など

　もちろん、参加している人が気持ち良く利用できるようにするために一定のDon'tsを明確にしておくことも重要です。アルムナイ・ネットワーク登録時には、利用規約を設けて同意をしてもらうことが一般的ですが、利用規約には過度な営業行為や誹謗中傷などの禁止行為も含まれます。そうした重要な禁止行為をガイドラインにも記載することで、禁止行為を抑制できるだけでなく、該当する行為があった時に他のアルムナ

図4-2　ガイドラインの例

イからの通報を促すことにもなり、効果的です。

⑨コネクターの役割を果たす

　良いアルムナイ・ネットワークやコミュニティを継続する上で、企業側が果たすべきひとつの大きな役割が、アルムナイと社員、アルムナイとアルムナイ、アルムナイと情報をつなぐ「コネクター」としての役割です。アルムナイや社員にとっての社会関係資本を最大化するためには、アルムナイ同士やアルムナイと社員でのつながりが生まれることが必須です。ではどうすればアルムナイのニーズを引き出して、そのニーズにマッチする人を探し出すことができるでしょうか。

　ひとつの方法は登録時にニーズを申告してもらったり、定期的にアルムナイにアンケートをとることですが、これだけで全員が具体的なニーズを挙げてくれるわけではありません。**コネクターとしての役割を最大限果たすためには、定期的にアルムナイと1on1などを設定してヒアリングをしたりすると良いでしょう。**

　社員側に対しても同じで、「アルムナイとの協業希望があれば教えてください」と社内にアナウンスをして待っているだけでは、なかなか声は上がりません。双方のニーズを「在庫化」するためには、1～2個のアルムナイのニーズを得たら、それを持って他のアルムナイや社員でマッチする人を探すためのヒアリングや声がけをし、得られたヒアリング相手のニーズを持ってまた別の社員やアルムナイにあたる、といった動きが必要です。

　手がかかることですが、このような地道な活動こそが、アルムナイ・ネットワークやコミュニティで新しい関係を生むきっかけとなります。導入時のヒアリング同様に外部の第三者のサポートなども活用しながら、コネクターの役割を果たすようにしましょう。

⑩アルムナイからサポーターを募集する

　アルムナイ・ネットワークやコミュニティを継続する上で他にも有効なのが、活性化を手伝ってくれる「アルムナイサポーター」の存在です。アルムナイサポーターとは、情報の発信、他の人の投稿に対するコメントやいいね！などのリアクション、交流イベントの企画や運営などを積極的に行ってくれるアルムナイのことです。ネットワークの立ち上げ時だけでなく、定期的にアルムナイサポーターの募集をしていると、アルムナイのほうから手を挙げてくれるケースも少なくありません。

図4-3　アルムナイサポーターの募集文言例

第4章 ● つながりを持続させるためのポイント

　アルムナイサポーターはその名の通りサポートをしてくれる存在です。あくまで1人の参加者として、ネットワークやコミュニティの活性化を応援してもらいます。そのため、アルムナイサポーターと他のアルムナイは「事務局と参加者」という関係性ではありませんし、サポーターとしての関与度も人によってそれぞれです。それでも、「このアルムナイ・ネットワークを応援したい」という気持ちを持ってくれる人の存在は事務局の背中を押しますし、他のアルムナイにとってもありがたい存在になります。

　心理的・物理的ハードルが高いと「私で良いのだろうか」と不安になる人もいるため、アルムナイサポーターを募集する際には、オンライン上での投稿やリアクションなど、工数の少ない小さな行動をお願いするようにしましょう。

⑪FOMO（取り残される恐れ）を利用する

　アルムナイには、状況やニーズの異なる多様な人がいるということを繰り返しお伝えしているため、「最初から全員に価値を提供するなんて無理だ」と思われている方もいらっしゃるかもしれません。もちろんそれが実現できれば理想的ですが、最初から全員のニーズを満たすことは確かに困難です。アルムナイ・リレーションシップを長期的に持続させるためには、必ずしも最初から全員に価値を提供したり、最初から全員に大きな期待を持ってもらう必要はありません。それよりも「参加をしなかったら取り残されてしまうのではないか。自分だけ機会を損失してしまうのではないか」と感じてもらうことが重要です。

　人は本能的に自分だけが取り残されることに対する恐れを持っているといわれています。ですから、アルムナイ・リレーションシップに対するニーズが違うとしても、「他の人は恩恵を受けているらしい」、もしくは「多くの人が参加をしている」という事実と「自分自身のニーズも満たされる可能性がある」ことを認識することで、**「自分だけが取り残さ**

163

れることは避けたい」という感情のFOMO（フォーモ：Fear of Missing Out）が働き、行動に出るようになります。アルムナイ・ネットワークやコミュニティへの参加だけでなく、イベント等への参加に関してもFOMOを意識しながら設計すると効果的です。

⑫忘れられない頻度でイベントを開催する

　3章の施策のところで「アルムナイト」に触れましたが、アルムナイ・リレーションシップを持続する上で外すことができないのが、企業とアルムナイ、社員とアルムナイ、そしてアルムナイ同士が接点を持つことができるイベントです。コロナ禍に入ってからはオンラインイベントが中心でしたが、2022年頃からはオフラインの対面でのイベントも開かれるようになってきました。ここではアルムナイ・リレーションシップを持続させるためのイベントづくりについて見ていきます。

　重要なことは主に1つで、どんな規模でもいいので、**忘れられてしまわない頻度で開催すること**です。忘れられない頻度とはケースバイケースですが、年に数回か半年に1回くらいが良いでしょう。1st Placeでも2nd Placeでも3rd Placeでもない、4th Placeとしてのアルムナイ・ネットワークは、常にアルムナイのマインドシェアでトップにあるわけではありません。しかし、年に一度は全体でのホームカミングデーのような同窓会イベントがあることや、年に数回は小規模のイベントが開催されていることを知ってもらうだけで、忘れられない存在になります。

　アルムナイ・ネットワークに登録する全員を対象にしたイベントはもちろん重要です。発足時などに幅広く全員を対象としたイベントを実施することで、そのイベント自体に価値を感じる人がいることはもちろん、そのつながりからサブ・コミュニティが生まれたり、分科会のようなイベントの開催につながることがよくあります。

　そして、ある特定の興味関心や目的を持った方だけが参加するイベントも、参加者にとって有意義な会となります。例えば、「○○部所属だ

った人」「○○支社勤務だった人」などの在籍時の属性、「スタートアップ勤務の人」「ビジネス職（セールス、コンサル、カスタマーサクセス等）の人」などの現在の属性、もしくは「生成AI活用法」などの興味関心領域など、共通項を持つ方だけのイベントです。参加するアルムナイから次のイベントのネタなども得られて、イベントがイベントを呼ぶ状態になれば理想的です。

これまで述べてきた通り、アルムナイにはいろんなニーズを持った人がいるため、同窓会のような幅広いアルムナイをターゲットにしたイベントから、特定のテーマに興味があるアルムナイだけにターゲットを絞ったイベントまで幅広く開催しましょう。ターゲットを絞った場合でも、広くネットワークに案内をすることで、想定をしていなかったアルムナイが参加をしてくれるような素敵なサプライズもあるでしょう。

しかし、せっかく目的に合った参加者が集まっても、「箱は用意したのであとはよろしく」ではイベントの効果は最大化されません。特に幅広いアルムナイをターゲットにしたイベントで、アルムナイ同士または社員とアルムナイが一堂に会すると、どうしてもお互いに知っている人同士で固まってしまう傾向があります。学校の同窓会を思い出すと、仲が良かったグループで固まっている姿がイメージできるのではないでしょうか。懐かしいメンツとの会話を楽しみに来ているだけの人にとってはもちろんそれで良いのですが、新しいつながりも求めて来ている人にとってはそれだけでは物足りなく感じてしまうことがあります。そこで、3章の「アルムナイト」で触れたクイズのような**「懐かしさ」を感じるコンテンツ**を用意することは、アルムナイ同士が共通項を見出して距離を縮めるのに有効です。

〈イベントコンテンツの例〉

●自社の良い点を考えてもらう

　XX社で得たことで、退職後に役立ったこと

　外に出て気づいた、XX社の良かったこと

●少しネガティブなことも書いてもらうことで、良いことばかり
　を書いている感じをなくす

　外に出て気づいた「ここが変だよXX社！」

　イベントでは、距離を縮めた上で、現在のステータスや仕事をしている人は勤務先、アルムナイ・ネットワークやコミュニティに期待するものなどの**情報を事前や当日に参加者に共有**することで、同窓会以上の目的を持つ人たちにとって、新しい人と接点が持ちやすい場にすることができます。他にも一例として、ある企業ではイベント時の**ネームストラップ**をビジネス交流目的の人は赤、懐かしい人と会う目的の人は黄色、両方の人は緑、と色を分けていました。どの目的の人からも良いフィードバックが得られていた工夫です。また、専用システム上などで参加者同士がお互いのプロフィールをその場で閲覧し合えるようにすると会話が生まれやすくなります。

　内容と同じくらい重要なのが**開催場所（方法）**です。全体での同窓会のような大規模なもので、偶発的な新たな出会いを生むようなものはオフラインの対面イベントが合っていますが、特定のテーマや目的に絞ったものであればオンラインイベントのほうが多くの方が参加できるでしょう。対面開催の場合は、目的に合わせてオフィスなどをうまく活用するのか、オフィスに無関係の場所で実施するかを検討します。全体向けのイベントでは、オフィスのイベントスペースや、社内飲み会でよく使われていたオフィス近くのお店などで開催することによりホームカミン

グ要素が強くなり「懐かしさ」を感じてもらいやすくなります。逆に、退職前と近い環境だと引き出しにくい意見を出してもらいたいような場合には、オフィスとは無関係の場所にします。ある企業は「ここが変だよXX社！」という名称で、人事制度や文化などについて「愛のあるダメ出し」をしてもらう小規模の会を開催しました。この会は、弊社がユーザーに提供するイベントスペースで、アルコールありで開催されましたが、リラックスしたアルムナイたちからとても多くの有意義な意見が出され、人事としても参考になる声が多く上がったそうです。参加したアルムナイからは、**「オフィスではなかったので少しネガティブに聞こえるかもしれない意見も言いやすく、居酒屋ではなかったのでカジュアルになり過ぎずちょうどよかった」**といった声がありました。

　他にも、定期開催のオンラインランチ会やオンラインキャリア相談会といった、毎回数名程度の参加者の<u>ミニイベント</u>がアルムナイから人気という企業もあります。企画や運用の工数が大きい大規模イベントは年数回が精一杯となりやすいものです。小規模なイベントやオンラインイベントも交えて様々なイベントをすることで、アルムナイのマインドシェアを維持しましょう。

⑬喜ばれるものを提供する（パークス＆ベネフィット）

　ここまでアルムナイと社員やアルムナイ同士など、人と人とのつながりの話を中心にしてきましたが、つながり以外にも企業がアルムナイに提供できるメリットがあります。「パークス」（Perks）や「ベネフィット」（Benefits）と呼ばれるもので、企業の商品やサービスを提供したり、研修や情報の提供をしたり、場所の提供をしたり、キャリアに関するサービスなど、喜ばれるものを提供することです。消費者向けの商品やサービスを持っていない企業は難しいと思われがちですが、**提供したら喜ばれるものは、おそらくどんな会社でもたくさんお持ちです。**

　例えば、ある企業では都内にある社員用ラウンジスペースをアルムナ

イが利用できるようにしたところ、外出中などに立ち寄るアルムナイが
出てきて、交流が増えるきっかけとなりました。別のいくつかの企業で
は、社員やクライアント向けに提供しているリサーチ報告書を希望する
アルムナイにも提供したり、社員向けの研修の一部をアルムナイでも受
講可能にしたりしたところ、質問や問い合わせを通じて関連領域でのビ
ジネス協業のきっかけになりました。他にも、マイクロソフトがアルム
ナイに対してMicrosoft 365 FamilyやLinkedIn Premium Business の割
引を提供していることは３章で紹介しましたが、同社はそれに加え、ア
メリカで就職フェアを開催し、マイクロソフトアルムナイと、彼らを採
用したい企業のマッチングまでしています（2024年８月執筆時現在）。

　「うちの会社にはアルムナイに提供できるものなんてない」という声
が聞こえてきそうですが、必ずしもアルムナイ向けに何か新しいものを
用意する必要があるわけではなく、既に存在するものを展開するだけで、
十分アルムナイのメリットになります。社内の人はなかなかそのメリッ
トに気づけないことも多いので、思いつかなければぜひ第三者やアルム
ナイの意見を聞いてみましょう。

　以上が、アルムナイ・リレーションシップ構築という取り組みを持続
させるポイントです。特に重要と思われたことに留意してみてください。

再入社したい気持ちは 持続的な取り組みから

「○○社で」ではなく「○○社と」働く

　各種の取り組みが奏功し、アルムナイ・リレーションシップがうまく
構築され、アルムナイに対する理解や信頼が高まった企業担当者がよく
口にするのが「あの人が再入社をしてくれたら、退職前よりも活躍して
くれるのに」という言葉です。退職後に経験を積んだアルムナイが頼も
しく見えて、その経験を活かした活躍が期待できるため、もう一度一緒

第4章 ● つながりを持続させるためのポイント

に働きたいという気持ちはよく理解できます。ただ、一度立ち止まって考えてほしいのは、そのアルムナイが社外にいることで得ている知識、スキルや経験は、自社に戻ってもらって得られるものかどうか、そしてそれにどのくらいの価値があるかということです。

1章で触れた入山章栄氏による「チャラ男」と「根回しオヤジ」の話を思い出して下さい。チャラ男の特性を活かすためには、チャラ男は社外にいるままの方がいいことも珍しくありません。チャラ男が外にいたまま根回しオヤジと協業をしやすくするために重要だと私が考えているのが、社内と社外の壁を低くして、アルムナイが「○○社で働く（at）」だけではなく「○○社と働く（with）」という選択をとりやすいようにすることです。

所属していた企業の内情を知りながら外からその企業を見られる複眼的視点を持ち、経験やコネクションを広げているアルムナイですが、再入社し戻った途端にその強みが弱まってしまったり、組織に染まってしまうということもあります。アルムナイがあなたの会社の外にいながらも、中に入り込みやすい環境をつくり、社内外を行き来できるようにすることで、複眼視点や社外のコネクションを維持できるのです。再雇用してもう一度「○○社で働く（at）」だけでなく、ビジネスパートナーなどのかたちでアルムナイが「○○社と働く（with）」ことができるようにすることは双方にメリットがあり、企業とアルムナイの間で長期的な関係が築きやすくなります。

多様な参加者が共存できる場にすることがアルムナイ採用を生む

アルムナイ・リレーションシップを持続するために重要なことであるため、「アルムナイ採用」について、改めて触れておきます。本来、アルムナイ採用は、アルムナイ・リレーションシップが構築された結果として発生するものですが、アルムナイ採用を目的としてアルムナイ・リ

169

レーションシップを構築したり、それを構築しないままでアルムナイ採用だけを実現しようとする企業も少なくありません。

　しかし、他章でも述べた通り、アルムナイ採用をしたいのであれば、アルムナイ採用を目的にしないことが成功の秘訣です。もう少し具体的に言えば、アルムナイ採用をしたいのであれば、再入社希望者だけとつながるのではなく、再入社を考えていないアルムナイを含め、**幅広く多様な人がいる場にすることが必要です。これはそのまま、良いアルムナイ・リレーションシップが築ける条件であり、それが長く続くことによって、アルムナイ採用も発生してきます。**

　WILL（意志）とCAN（可否）の4象限に当てはめて考えてみましょう。再入社意欲のあるアルムナイを図4-4に分布してみると、右側にあたる「戻りたい」というWILL（意志）と、「戻れる」というCAN（可否）が、現時点で両方揃っている、右上に分布する人が、現在どのくらいいそうでしょうか。緩いWILLを持つ「いつかは戻っても良いかもしれない」という人が仮に全体の5％いたとして、もしあなたがアルムナ

図4-4　アルムナイ採用　WILL・CANの4象限

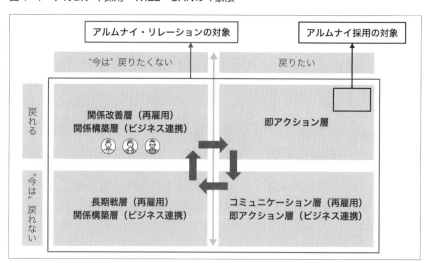

イ・ネットワークを「再入社希望者だけが登録をする場」に設定した場合、95%の人が登録すらしない可能性が高いことになります。

逆にそれを「全てのアルムナイが歓迎される場」とすることで、いつかは「戻りたい」けど「今は戻れない」アルムナイや、「戻れる」けど「今は戻りたくない」というアルムナイとも関係を維持することができます。関係を維持する中で、企業と個人がお互いの変化をアップデートすることで、左上の「今は戻りたくない×戻れる」アルムナイが右上の「戻りたい×戻れる」に変化をすることもありますし、右下の「戻りたい×今は戻れない」アルムナイが右上の「戻りたい×戻れる」に変化をした時に、一番に思い出してもらえる関係でいることができます。だからこそ、アルムナイ採用をしたいのであれば、アルムナイ採用を目的にしないことが重要なのです。

本章では、「多様な参加者がいる場であるアルムナイ・リレーションシップを持続する取り組みのポイント」を見てきました。5章では、アルムナイと良い関係を築いている企業の先進事例をご紹介します。

注

1　2006年にコンサルティング会社Ant's Eyes View（当時）のBenMcConnellとJackie Huba が提唱したといわれているが、類似する内容の提唱や調査は過去にも見られ、諸説ある。

第 **5** 章

事例：企業から見た
企業と個人の新しい関係

本章では、実際にアルムナイ・ネットワークに取り組む企業の立場から「企業と個人の新しい関係」について考えます。トヨタ自動車と住友商事のアルムナイ・ネットワーク事務局の方々は、先進的に歩みながら、その関係を模索しています。

| 事例 1 | トヨタ自動車 |

アルムナイは「トヨタで働く "希望"」
アルムナイとのつながりで牽引する「モビリティカンパニーへの変革」

　まず最初にご紹介するのは、トヨタ自動車株式会社です。同社は、モビリティに関わるあらゆるサービスを提供し多様なニーズに応えることができる「モビリティカンパニー」として、「未来のモビリティ社会」の実現に取り組んでいます。「『志』『共感』『信頼』で結ばれた人間同士がつながることが、共に未来を作るために必要なことだ」と公言するトヨタが、アルムナイとの関係に注目してアルムナイ・ネットワークに取り組む背景や成果について、アルムナイ・ネットワーク事務局の種林さん・松野さんにインタビューしました。

プロフィール

種林萌子さん：生産本部人事室　2023年7月キャリア入社。現在は主に生産現場で働く社員（技能職）の個別人事業務を担当 。
松野早久良さん：人材開発部人事室　2020年新卒入社。カンパニー人事を経て、現在は全社総合職の評価制度を担当。

アルムナイ・ネットワーク導入の背景と、導入による変化

──まずはじめに、企業として公式にアルムナイ・ネットワークを導入することになった背景を教えてください。

（**松野さん、以下敬称略**）　トヨタはモビリティカンパニーへの変革を実

現するために、多様な個性や価値観を持った人材が活躍する企業風土づくりに取り組んでいます。そんな中で、私たち人事の若手メンバーを中心に全社的な人事施策に取り組むプロジェクトが発足しました。施策の議論を重ねる中で、「未だ経験のない新領域へチャレンジしていく」というモビリティカンパニーへの変革にあたっては、社内で育ってきた人材の知見だけでは限界があり、**「外の世界との関わり方」をどんどん変えていく必要がある、そのひとつとして多方面で活躍しているアルムナイに目を向ける**必要があるのではないかという意見が出ました。

人事のメンバーが中心だったこともあり、「職場の風土を変えたい」ということや「人材確保にも積極的に着手する」ということを目的として、様々な課題に目を向けていきたいという思いがあり、取り組みがスタートしました。

そうはいっても、弊社も以前は一度社員が辞めてしまうと、その方とは一切つながりがなくなってしまうのが一般的でした。育成に非常に力を入れている会社だからこそ、辞める時のインパクトもとても大きい。**そういった傾向を変えていきたい、という若手人事メンバーの想いが、**アルムナイ・ネットワークの取り組みの根底にあります。

──導入にあたり苦労したことはありましたか。

(松野) 若い方であればあるほど「自分たちが外から見てどの程度の市場価値があるか」ということに敏感で、活動も前向きに受け止めてもらえることが多いのですが、一方で、長年トヨタの中で働いてきた方々からは「外とつながることが会社に遠心力として働くことになるのではないか」「離職率の増加につながってしまうのではないか」という懸念の声も一部上がりました。実際にネットワークの公式化を進めていくことが決まった時も、人材流出の懸念が一番ネックになり「本当に大丈夫か」という心配の声もありました。

——そのようなネガティブな声がありながら、どのように説得されていったのか、詳しくお聞かせください。

（松野）はい、説得できた要因は大きく2つあります。

　ひとつは「小さく始めて大きく育てていこう」というスタイルです。「途中で何かよほど大変だということになったら、いつでもブレーキをかけよう」という前提で進めていたことで、不安視されていた方々にも見守っていただけていたのかなと思います。

　もうひとつはやはり「これまで内向きだった視野を、外に向けるための選択肢を増やす大きなきっかけ」なのだということを説き続けてきたことでしょう。アルムナイ・ネットワークの取り組みによって、必ずしも皆が外に向いてしまうわけではないのだということと合わせて、「選択肢を増やす」ということだけでも十分な収穫が得られるはずであるという話を根気よく重ねました。

——実際に、アルムナイ・ネットワークを導入しようとしても、そのように社内からの反対の声で導入が難航している企業はすごく多いです。

（種林）その点では、弊社も「小さく始めた」ネットワークはまだ駆け出しの状態です。社員に対しては、まだ広く宣伝ができていない状態であるというのが正直なところです。

（松野）ただ、弊社は人事だけでも非常に人数が多いのですが、人事に限っていうと、メンバーたちの意識は確実に変わり始めていると実感しています。はじめは「退職した人になぜ時間を割かなくてはいけないのか」という意識があった方も多いように見えました。それが、**次第に「アルムナイとの関わりは大事だよね」という価値観が少しずつ広がっていった**ように思います。

　そのきっかけのひとつは、2023年に社内外へ向けて「アルムナイ採用の強化」を発信したことだったと思います。実際に戻ってきてくださった方が活躍されていて、それを間近で見ることができたのが、やはり現

場の空気を大きく変えてくれた印象です。私としてもアルムナイとの関わりにやっとひとつの見通しが立てられた感覚でした。再雇用を主目的にはしていないものの、実際に再入社された方との交流を通して空気感が変わったと感じています。今後も彼らのように再入社された方が、アルムナイに対する印象を変える、良いモデルになってくれたらいいなと思います。

——一方で、アルムナイ・ネットワークの価値は採用だけではないと思います。アルムナイと現役社員との関係性が少しずつできているとお聞きしていますが、それがきっかけで変わったことがあれば教えてください。

（種林）これまでも小規模、またオンラインで交流する機会はありましたが、去年（2023年）11月に行ったアルムナイとの交流イベントには総勢約50名が参加し、現役社員とアルムナイが接点を持ちました。トヨタで培ってきたスキルや学んできた経験を生かして外で活躍されているアルムナイたちから、社員が話を聞き、「トヨタを飛び出した後もこんなふうに外で活躍できる」ことを知ることができる機会でした。トヨタに新卒で入社すると、当然ながらトヨタしか知らずトヨタがスタンダードになります。その自分たちが今やっているスタンダードな仕事の考え方や進め方が、ちゃんと外でも通用するのだということを実感できたことこそが、アルムナイとのつながりを通した大きな収穫だったのではないかと思います。私自身にとっても、そのイベントでアルムナイとお話しする中で、すごく励みに感じたところです。

——人材流出のリスクとは対極にある「トヨタに対する求心力が高まる」という結果になったんですね。

（種林）そうですね。アルムナイの活躍は**「トヨタの教育の仕組みが間違っていなかった」**ということを表しており、私たちにとっても大きな

自信につながりました。社内に限定すると相対的にしか見ることのできないスキルが、外に出て活躍されている方を通して客観的に見ることができて、その結果、社員のキャリアへの自信につながるような効果があると感じています。

出始めているアルムナイとの事業連携の芽

――社員とアルムナイで事業連携も出始めているとお伺いしています。

（松野）それに関しては、まだ目に見える成果はないのですが、アルムナイの方から「トヨタと自分がこんなかたちで協業できるのではないか」「こんな取り組みを一緒にやりたいと思っているので、サポートしてほしい」と声を上げていただき、私たち事務局が社員と関係性をつなげるきっかけづくりをお手伝いしているケースがありますね。

――それはアルムナイ・ネットワークのシステム内で、連絡窓口として事務局が動かれているということでしょうか。

（松野）そうですね。システム内のDM機能でお話をいただくケースはあります。それはネットワークがあったからこそのつながりだと感じています。退職された後も個人同士、プライベートでつながりがあるケースが多いのですが、やっぱりビジネスの話になると声をかけづらいという意見も多いです。アルムナイからは「ネットワークを会社公式でやっていること自体が、声をかけやすい環境づくりにつながっている」というコメントもいただいています。

――具体的な事例をお聞かせいただくことはできますか。

（松野）事務局で拾いきれていないケースも多くありますが、人事でいうと、1 on 1サービスを提供する企業に転職したアルムナイとの協業がありました。まさに弊社の中で、コミュニケーション課題について打ち手を検討していた時に、アルムナイの方が話をしにいらっしゃって、

第5章 ● 事例：企業から見た企業と個人の新しい関係

人事30名ほどを前にサービスを説明してくれました。実際にサービスの
トライアル導入にも至りました。やはり、**アルムナイとしてトヨタのこ
とをわかっているという背景があったからこそのご提案**だったと感じて
います。そのアルムナイも、トヨタの中のコミュニケーションに課題を
感じる中で退社をしたからこそ、現職のサービスを使ってまたトヨタに
何か還元できないかと考えられたのではないかと思います。類似したサー
ビスは他にもたくさんありますが、やはりアルムナイにしかわからな
いその企業の特徴もありますから、まずは話を聞いてみたいという姿勢
になりますよね。

アルムナイからのフィードバックを組織風土改善に活かす

――事業連携や再雇用以外ですと、組織風土改革にもアルムナイ・ネッ
トワークを活用しようというお話が進んでいるそうですね。

（松野）はい、**アルムナイに対してアンケートを実施し、トヨタで働い
ていた時の意識調査を行っています。**例えば在職時はどんなことにどの
程度満足して、逆にどんなことが退社のきっかけになったのか、実際に
社外に出て見た時にどう感じられるのかをお伺いしています。

実は並行して、社内でもこれから退社する方の退社申請が上がってき
た際に同様のアンケートを実施していて、退社のきっかけになったこと
や満足していたことについてもeNPS（Employee Net Promoter Score）
として情報を収集しています。まだ始めたばかりの取り組みではあるの
ですが、その結果に応じて、事業部人事でイグジット（退職時）インタ
ビューにつなげていくよう連携を進めています。アンケートに回答して
くれた人が、最後に人事とそのアンケート結果を深掘りさせてもらえる
ような面談を実施することで、組織に対してフィードバックをいただい
てから退社してもらうという流れができつつあります。

アルムナイの方に対しては、そうした項目とかなり近づけた上で、「離
れてみてどうですか」という観点のNPSを実施させてもらっています。

179

——アルムナイからのアンケート結果はいかがでしたか。どんなフィードバックがあって、それに対してどう受け止められたのか、率直なところをお聞かせいただきたいです。

（松野）例えば「意思決定までのスピード感」や「裁量を持って自分がやり切る」という点は、どうしても大手なので弱いところですね。アルムナイの方の多くは、スタートアップやコンサルティング会社に転職される方が多いので「自分でもっと決め切りたかった」といったご意見が結構出ていました。また、評価制度や昇進の機会に納得がいっていなかったという声が一部出てきた点は意外でした。早速社内で実施したアンケートデータや人事で持っている情報と紐付けながら、もう少し深掘りできないか見ていきたいと考えているところです。

——確かにこうした本音は、退社時のインタビューやアンケートでなかなか言いづらいところでもありますね。一方で、逆に良い面でのフィードバックはありましたか。

（松野）はい、弊社では**問題解決の型を丁寧に教え込まれるのですが、それが退職後もとても財産になり、外の世界に出てからも通用している**とおっしゃってくださる方が多いように思います。改めて、そこが弊社の強みであることと、育成がしっかりとできていることを再確認することができました。

変わるオフボーディングのあり方

——退職時と退職後のコミュニケーションについてお伺いしましたが、一方で現場で退職の受け止め方に関する変化はありましたか？

（松野）退社することが決まった人に対しての事業部人事による対応は、確実に変わってきています。人事として退社に至る背景をしっかり聞こうという姿勢ができてきたのはもちろん、事業部によっては、**退職者個人としっかりつながりを維持していこうという動きが明確に出てきてい**

ます。ある事業部では、長らく人が辞めていってしまうことが問題でした。その解決に向け、今では退職者一人ひとりと丁寧に連絡を取り続け、非常にきめ細やかなコミュニケーションをとっています。

——現場で働く方々の、退職者に対する意識もだいぶ変わってきたのではないでしょうか。

（種林）施策を始めたばかりのため、効果が出てくるのはこれからかなとは思っていますが、退職者に対してアンケートとインタビューを実施したいと打診した時は、多くの方が好意的に受け止めてくださいました。やはり各拠点の人事としても、同じ問題意識を持たれているんですよね。どの職場でも退職数に歯止めをかけられていなかったことに対する後悔が少なからずあるのだと思います。何か他にできることがあったのではないかという気持ちを、多かれ少なかれ皆さん持っているのでしょう。

　最近では、現場で働く管理職からも「退職者が少なくないので、何か事前にできることに関する情報があればほしい」と声をかけていただくことが増えてきました。これから退職する方や、既に退職されているアルムナイの声をもっとしっかり聞いていかなければいけないという意識は、確実に高まっています。

——退職する人、退職したアルムナイからしっかり課題をフィードバックいただいて、会社に還元して変わっていく、という意識が芽生えてきたんですね。

（松野）そうですね。職場にもよりますが、以前は率直なところ、辞めていく人に対してやや「無関心」でした。腫れ物に触るような感覚で声のかけ方もわからず、特に組織に対するフィードバックをもらおうというような動きもしていなかったので、退職する方も人知れず静かに辞めていってしまうことが多かったのです。それに対して、あえて人事からアクションをとっていけるようになったことは、とても良い動きだった

181

と思っています。経営層の意識も「人が辞めていくのは当たり前だ」というところに近づいていると思います。

　時代の変化として人材の流動化が叫ばれる中、アルムナイ・ネットワークというひとつのきっかけがあったことによって、アルムナイとの関係性をしっかり構築して、良い影響をしっかり会社に還元していく流れを作り上げることができていると自負しています。

アルムナイからの反応── カギは「就業体験」

──これまでお伺いしてきたように企業としての姿勢が変わっていく中で、アルムナイからの反応はいかがでしたか。印象に残っていることがあればお聞かせください。

（松野）アルムナイ・ネットワークに関わっていると、インタビューやイベントの場で、「トヨタは良い会社だったよ」と言ってくださることがすごく多く、私自身としてはとても意外でした。私にとっても外の世界を知る方にそう言っていただけることは、新たな気づきでしたし、何よりとても嬉しいです。外に出た方が活躍している姿を見ることは素直に喜ばしいことですし、私達からすると先輩であるトヨタの共通言語を持ったアルムナイたちが「良い古巣」として弊社を捉えて、良質なフィードバックをくれる関係性でいてくださっているのは、本当に有り難いことだと、しみじみ実感します。

（種林）アルムナイからよく伺うのは「人が良い会社である」ということです。アルムナイからのアンケートやインタビューでも「すごく真面目だし、丁寧だし、人間性がすごく良い」というのがよくいただくコメントです。「何を言っても話が早いし、人を傷つけるような話をする人もいない。ちゃんとトヨタで仕事をする中で何をどうしていきたいかを真剣に考える人が多い」「仕事に向き合うメンバーとして最高です」といった言葉をよく聞きます。中途入社の私自身、確かに人が良いと弊社

第5章 ● 事例：企業から見た企業と個人の新しい関係

に対して感じたことが入社のきっかけでした。社内でも「人間力」をベーススキルとして大切にしていこうという方針があり、評価体系も持っているので、その辺りも、もしかすると作用しているのかなと思います。

——入社前から惹かれていた要素が、実際に働いても感じられていて、退社した後もその良さを変わらずフィードバックできる方が多いのは、貴社ならではですね。

変わる社内でのアルムナイ・ネットワークへの捉え方

——アルムナイ・ネットワークの導入時に人材流出を懸念されていた方がいらっしゃったと先ほど伺いましたが、その後、上の方の反応はいかがですか？

（松野）先ほどもお伝えした、退社する方に対して「無関心」だったところから、捉え方がだいぶ変わりました。世の中の流れとして、転職は一般的になりつつありますし、キャリア採用が当たり前になってきた中で、「なぜ辞めてしまうんだろう」「どこの職場からどの程度、人が抜けていっているのだろうか」というデータも、現場でとても気にかけるようになりました。

　労使の話し合いの場でも「どうしたらより働きやすい環境にできるか」というところを考えるひとつのきっかけに、離職率などのデータを使っていく動きも出てきています。また、退職される方が多い職場には重点的に何かしていくべきだという声がマネジメント層から上がるようになったのは、大きな変化だと感じています。<u>再入社される事例が出てきたり、事業連携の兆しが見えてきたりと、とても良い成果が出ている</u>ので、さらに事例をつくっていこうという思いは事務局の皆が共通して持っていると思います。再雇用を全面に押し出すわけではないですが、やはり戻ってきてくれる方がいることによって、社内でも弾みがつき、本当にこれで良いんだという確信が持てるようになってくるのかなと思います。

今後の展望－アルムナイ・ネットワークは「10年後の種まき」

――今後アルムナイと良い関係を維持していく中で、どういった関係を目指していきたいですか。

（**種林**）個人的には、アルムナイ・コミュニティと今の現役社員との関わりをこれからもっと増やしていきたいです。まだネットワークシステムには現役社員の方に入っていただいていないので、今後はその整備を進めていきたいと考えています。

　また、トヨタで働いている社員の中には、外の世界を知らないが故に、「この先、社外でも通用する人間になっていけるのか」という不安がある方が少なからずいると感じています。そのような現役社員たちに、<u>ア</u><u>ルムナイが外の世界で働いて頑張っている姿を見せられる窓口</u>としてアルムナイ・ネットワークが機能すると良いと思っています。そういう意味で、アルムナイは、トヨタで働く社員の希望になります。社員とアルムナイの関わりをこれから少しずつでも増やしていきたいです。

（**松野**）今、会社として掲げている「モビリティカンパニーへの変革」に向けて、外の世界との関わり方はどんどん変わっていくべきであると思っています。アルムナイ・ネットワークは間違いなくそのひとつです。「この取り組みは10年後に向けての種まきです」と何度も職場で話をしています。

　採用という観点ももちろんそうですが、例えばキャリア教育の観点でも、これまでは会社として外とつながる機会が少なかったですし、とても良い影響を与えるものですよね。**本当の意味でのキャリア自律とは、****社外のことも知った上で、自分はトヨタで働いていると自己決定感を持****つこと**ですから。また、事業連携についても、外で様々な分野で活躍されている方とタッグを組むというのは、自社の可能性も大きく広がる取り組みだと考えています。

　ただし、そうはいっても、すぐには芽は出ないものです。現役社員にネットワークとの関わりをもっと持っていただき、少しずつシナジーを

第5章 ● 事例：企業から見た企業と個人の新しい関係

生み出していきたいです。将来的には、私たち事務局からネットワーク運営がだんだん手離れしていって、社員とアルムナイがどんどん自発的に関わり合っていただくような関係性ができあがっているのが理想です。今のメンバーで、そんなフェーズまで絶対に持っていきたいと思っています。

　実のところ、このインタビューをお受けするかどうか、事務局としてとても悩みました。私たちからすると、成果という点でお手本になれるような事例ではないのではないかという意識がありまして。一方で、これだけ動かしづらい規模の会社が細々と動いているうちに、少しずつではあるものの変化が確実に起きてきているということが、何か他の企業の方にとっても考えるきっかけになればと思い、本日に至りました。「10年後の種まき」に向けて、前向きに意志を持ってアルムナイとの関係性の構築を進めていきたいと思います。

——おっしゃる通り、ここまで大きな企業と人の集まりを、ある方向に動かすことには本当にご苦労があると思います。その中で事務局の皆さんがこんなに前向きに、ネットワークを介して会社を動かしているということは、日本のアルムナイ文化にとっても大きな影響を与えてくださっているのではないでしょうか。本日はありがとうございました！

アルムナイからの声

トヨタ自動車アルムナイSさん

2017年〜2023年在籍
インタビューの中で話題に上がった「1on1サービスを提供する企業」に転職したアルムナイ

　昔は辞める人に対して閉鎖的な印象もありましたので、トヨタがアルムナイ・ネットワークを始めたと聞いた時は「トヨタとアルム

185

ナイの人同士でWin-Winの関係になれるのか」という正直な疑問が
ありました。ただ、よく考えると「大きな変革に向けた小さな一歩」
になりうるだろうと感じました。理由は、トヨタを変える、より良
くする、というテーマや取り組みはとても大事ですが、ずっとトヨ
タの中にいるとその変化を感じることができないからです。アルム
ナイの方とのつながりを強くすることで、客観的に捉えるきっかけ
になるのではないかと思います。

　トヨタには新卒で入社し、人事の仕事に携わっていました。自身
や周囲の人の経験から、「職場におけるコミュニケーションを根本
的に良くしたい。働く人一人ひとりがもっと輝けないか」という問
題意識を抱えており、熟考の末、「テクノロジーを用いてコミュニ
ケーションの掛け違いをなくす」ことに取り組む株式会社KAKEAI
というスタートアップに転職しました。

　転職して半年程経った頃にトヨタの人事のDXチームの方と株式
会社KAKEAIが交流があったことをきっかけに、今のビジネスパー
トナーの関係につながっています。昨年からトヨタの労使協議会の
中で「本音を言える職場にする」というテーマが据えられていたこ
ともあり、今の会社のサービスとの親和性も強く感じていました。
いつかトヨタの役に立ちたいとは考えていましたが、まさかこんな
にも早く実現できるとは思っていませんでした。**自分が志したこと
がきっかけで、外からトヨタの力になることができるという嬉しさ**
と、ちゃんと貢献しなければいけないという緊張感もありますが、
しっかりお役に立っていきたいと考えています。

　実際にトヨタとお取引するにあたり、改めてとても真摯に問題解
決に向き合う方が多いと感じています。「人事として、一人ひとり
が本質的な課題に向き合おうとしている」という印象が強いです。
「トヨタは愚直な人が多い」とよくいわれていましたが、外に出た
ことで、それをより強く感じています。

第5章 ● 事例：企業から見た企業と個人の新しい関係

　また、サービス導入して数カ月経った後、ユーザーの方へアンケートを実施したところ、取り組みを肯定的に捉えていただいたいる方が多かったことも驚きました。私のトヨタの印象は良くも悪くも「石橋を叩いて渡らない」でした。もっと新しいことに対する抵抗感があるだろうなと想像していたので、純粋に嬉しかったです。

　やると決めたら徹底してやる、という文化の強さと、**自分がトヨタにいた頃との良い意味での変化も実感**しました。

▌ 筆者解説

　就職人気ランキングなどでも常に上位に位置するトヨタですが、入社時に大きな動機づけとなっている「人が良い」という要素が、アルムナイからのフィードバックでも変わらずに上がってくることがとても印象的です。事実、トヨタは「モノづくりは人づくりから」の価値観のもと、人材育成に取り組んでいます。

　第2章で、アルムナイリレーションシップ（ARM）を、採用活動（CRM）や人事管理（ERM）と連動させてその理念や言動を一貫したものとしてマネジメントしていくことが重要である旨をご紹介しました。トヨタにおいても、採用前に入社の決め手になった「人」という要素が、在職中に留まらず退職してからもエンゲージメントの1要素になっていることが推察されます。

　弊社で実施した一般的なアンケート調査とトヨタで実際にアルムナイを対象に実施したeNPSのアンケート結果を比較しても、「退職後にその企業に対して満足していたかどうか」を尋ねる項目のうち「職場での人間関係」や「企業理念・企業文化」には、大きな有意差がありました（**図5-1**）。この有意差からは、一貫した理念やメッセージなどを通して、採用される前から入社後の社員としての「Employee Experience（従業員体験）」、そして退職後の「Alumni Experience（アルムナイ体験）」がとても良い評価になっていったことが伺えます。

同様に弊社で行った調査から「(社員が入社選考を受ける) 採用時に重視していたこと」で回答いただいた各項目毎に、回答者の「アルムナイ・ネットワークへの参加意欲」を見てみましょう (**図5-2**)。採用時に重視していたこととして、一般的に「動機づけ要因 (上部)」に位置付けられるような企業理念・社員の魅力・職場での人間関係・成長機会を選んだ方と、「衛生要因 (下部)」に位置付けられるような報酬水準やワークライフバランスなどを選んだ人とでは、アルムナイ・ネットワークへの参加意欲に明確に差異があることがわかります。

　このことからも、**トヨタが一貫して大切にしている価値観こそが、トヨタのアルムナイ・ネットワークへの求心力につながっている**大きな要素であることが推察されるでしょう。

　インタビュー内で「アルムナイ・ネットワークはトヨタで働く"希望"」とお話しされていたことが印象的ですが、その"希望"を作り上げている原動力となっていることは、紛れもなくトヨタの一貫した価値観・人材育成であると、私たちは考えます。10年後、そうした原動力を

図5-1　トヨタのアルムナイが好感を持つ同社の強み
退職した会社の「満足していたところ」として「職場での人間関係」「企業理念・企業文化」を挙げる人の割合の比較

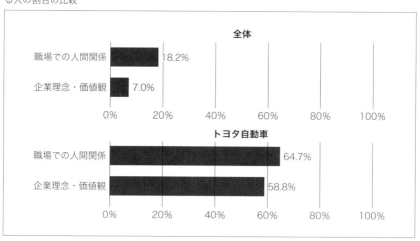

背景に、アルムナイ・ネットワークがトヨタにどんな"希望"をもたらしているのか、とても楽しみです。

図5-2　動機づけ要因を重視する人ほどネットワークに参加したい
応募時に重視していたこと×アルムナイ・ネットワークへの参加意欲

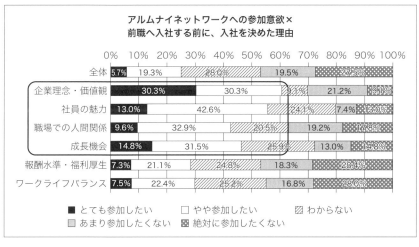

| 事例2 | 住友商事 |

アルムナイと共に価値を創造する
人的資本として存在感を増すアルムナイ・ネットワーク

　次にご紹介するのは、住友商事株式会社です。グローバル人材マネジメントポリシーにおいてDE&I（Diversity, Equity & Inclusion）を「価値創造、イノベーション、競争力の源泉」と位置付けている住友商事では、アルムナイと共に価値創造を目指す取り組みを実施しています。ネットワークの発足背景やその成果、成果の捉え方について、アルムナイ・ネットワーク事務局の柴田さんにお話を伺いました。

プロフィール

柴田　亮さん：HRソリューションズ部 人事チーム キャリアデザイン担当。入社以来、財務業務に従事し、2019年より人事に異動。人材開発を経て現担当。

アルムナイ・ネットワーク導入の背景

──まずはじめに、アルムナイ・ネットワークを導入した背景を教えてください。

　当時人事の担当役員がアメリカ拠点から戻ってきたタイミングだったのですが、アメリカには大学や企業でアルムナイ・ネットワークが当たり前にあって身近な存在だったことから、せっかくなら住友商事でもやってみたら良いのではないかという発案で始まりました。

　設立の目的は2つ掲げていて、<u>1つめは「イノベーションの創出」、そして2つめが「組織の文化をオープンにする」</u>というものです。やはり当社も「退職した人は裏切り者」という風潮が以前は少なからずありました。個人同士のつながりはあっても、会社が退職した個人と関係性をつくるということになると、まだ抵抗がある方が多かったと認識しています。

第5章 ● 事例：企業から見た企業と個人の新しい関係

——そんな中で設立にあたって、様々な立場の方を説得する必要があったと思います。

　おそらく多くの企業が気にされる「離職率の上昇」と「成果をどう評価していくか」という懸念点は、当然ありました。弊社では、人事の担当役員がアメリカでの経験からアルムナイ・ネットワークの運営を良い取り組みであると認識しており、無事に設立ができました。

——様々な立場の方を説得するにあたって「自社にどんな成果がもたらされるのかを明確にしないと導入が進まない」とおっしゃる方がとても多いです。

　もちろん成果や離職率を不安視する方はいたと思います。ただ、私自身は時代と共に環境の変化もあり、ここまで人材の流動化が進む中で、ネットワークがあろうがなかろうが退職する人は退職する時代に「やらない」という選択肢はないのではないか、そんな意識のもとで進めています。

——「つながる」という観点だけなら無料のSNSを活用することもできますが、有料のサービスを使うことに対しても特に壁はなかったのでしょうか。

　ネットワーク発足が2019年なのですが、それから2年ほどは実はFacebookで運営していました。「つながる手段を保っておく」だけの目的であれば良いのかもしれませんが、そこから先の「利用者同士でコミュニケーションする」観点では、そのままでは実現が難しかったので、予算を投じてでも、双方向でコミュニケーションができるようなシステムを入れようと、自然なかたちで検討が進みました。

191

アルムナイ・ネットワーク発足そのものがひとつの「成果」

——アルムナイと社員の交流も進んでいるとお伺いしていますが、その交流を通してどんな成果が出てきているのかお聞かせいただけますか。

そもそもやはり**「ネットワークを発足できて、そこでつながりをしっかり保てている」ということ、それ自体が大きな成果**だと思っています。これまでも個々人のつながりで、接点自体は保てていたのかもしれませんが、組織としてこのように大きな規模では"つながり"を持てていませんでしたから。ネットワーク導入の本来の目的である「イノベーション」や「組織の文化をオープンにする」ことについて、この先もどんどん事例が生まれてほしいと思っています。

特に1つめの「イノベーション」に関して、**実際にアルムナイとビジネスでの連携が生まれている**ことは成果として捉えています。その連携の結果生み出されたビジネスの成功、という観点ではもっと期待できることがあると思いますが、そもそもそうした事例がなかった中ですから、その中でこれだけの動きが出せたこと自体がひとつの成果です。

また、それが2つめの目的である「オープンな組織文化」につながってきています。ひと昔前なら、アルムナイと一緒に何かやるといっても「何を言ってるの？」と思われるような環境でしたから。ただ、「オープンな組織文化」は、このアルムナイ・ネットワークでの取り組みだけで達成できるものではありません。実は当社では、アルムナイ・ネットワーク導入の少し前から、ダイバーシティ＆インクルージョン（D&I）を競争力の源泉として掲げていました。当時はいわゆる昔ながらの年功序列・男性中心の会社のあり方を変えていかないと、会社として生き延びることができないという判断のもとで、D&Iを戦略として打ち出したタイミングでした。その後、2022年に「Equity」の概念をグローバル人材マネジメントポリシーに明示的に追加し、DE&I（Diversity, Equity & Inclusion）と掲げるに至りますが、まさにアルムナイ・ネットワークの取り組みも、その流れに沿ったものだったと感じています。**「退職者は**

裏切り者である」という排他的な考えではなく、仲間として、その人たちもインクルージョン（包括）し、関わっていただく。そんな考え方でDE&Iの延長線上にアルムナイ・ネットワークの取り組みが位置付けられています。それにより「DE&Iを推進している」という観点でも、アルムナイ・ネットワーク導入の成果として捉えることができると感じています。

アルムナイ・ネットワークの位置付けや存在意義

——DE&Iの延長線上にアルムナイ・ネットワークの取り組みがあるとのこと、先ほどお話に上がっていた「離職率増加の懸念」とは対極にある考え方ですね。

　そうですね、これだけ人材が流動化している時代ですから、退職する人は必ず一定数生じるものだと感じています。むしろこのようなかたちでアルムナイとつながるネットワークを持たない方が余程のリスクではないでしょうか。

——CSRが概念として世に出てき始めた頃のような感覚で、「アルムナイ・リレーションシップの構築に取り組んでいることを社外に発信していくべきだ」という風潮が出てきていることを、私たちも感じています。統合報告書にアルムナイ・ネットワークの有無を記載する企業も増えてきました。

　「人的資本経営」という文脈でアルムナイ・ネットワークを捉える時代になってきています。例えば再雇用についても、弊社では主目的として掲げているわけではありませんが、実績人数を聞かれるようになりました。逆に実績としてないことがマイナスに受け取られる風潮も出てきつつあると感じています。

——再雇用の実績人数は、アルムナイ・ネットワークが一般化する過程

で社外視点として、とてもわかりやすい指標になっているのだと思います。ちなみに、貴社の中で、アルムナイ・ネットワークの位置付けや役割は変わってきているのでしょうか。

　そこまで変化したようには感じません。ただ、アルムナイの再雇用は設立趣旨として掲げているものではないものの、毎年数名はいます。**昔は「"出戻り"なんてありえない」という考え方だったところが変化し、アルムナイ・ネットワークは「住友商事のことをよくわかってくれている人材のプール」という認識**も生まれているのではないでしょうか。実際に再入社された方が職場で良い活躍をしてくださると、もう「アルムナイは裏切り者ではない」ということがとてもよくわかります。再入社に限らず、協業やその他の取り組みについても「垣根が低くなってきている」のは、ネットワークがあるからこそだと思います。

ネットワークの取り組みに対する社内外からの評価のあり方

——ネットワークがあることで実現した、アルムナイとのビジネス協業についても聞かせていただけますか。

　アルムナイとの協業はこれまでも複数実現しています。例えばアルムナイが立ち上げた医療系のベンチャーとの共同サービス開発であったり、最近では、アルムナイと共同で中堅中小企業のDX推進を軸としたPEファンドを組成した事例もあります。人事では、アルムナイが提供するコーチングビジネスのパートナーになった事例もありますね。

　ただ、正直なところ、事務局でも全てを把握することは難しいですし、そもそも全てを把握しておく必要もないのではと感じています。もちろん、取り組みの成果としてオープンにできるものはどんどんオープンにしていきますが、成果を把握することが目的にすり替わってはいけません。

——おっしゃる通りですね。ただ、「全部把握する必要はない」と言い

切ることのできる事務局の方は、なかなかいらっしゃいません。

　どちらの企業でもおそらく、現場主導でそれなりに労力をかけて取り組みを実施しようとすると、どうしても「KPIを設定しなければいけない」という話になってくるのでしょう。そういう意味では、取り組みを始めた時期が早く、何をもって成果指標とするのかなど知見がない中で手探りでのスタートであったことが逆に良かったのかもしれません。とはいえ、一定のコストもかかっている中で「全く知りません」という状況も許されないので、把握できる限りではアンテナを張っておくようにしています。ただ、アルムナイ・ネットワークを閉じた世界として会社の事務局が囲っていくようなやり方はしたくないなと思っています。

　実は、私自身、担当になった時に、ネットワークの成果をどうやって捉えようかと悩んだ時期もありました。ちょうどそんな時期に他社のアルムナイ・ネットワーク事務局の方が「アルムナイとの関係にKPIなんて置いたら駄目ですよ」と明言されたのを聞いて、やっと腑に落ちました。

――アルムナイ・ネットワークは様々な分野で価値が生まれていくので、広報にKPIを置くことと近いものがあると私も考えています。もちろん何か狙いがあって、そのためにKPIを使うシーンがあることは否定しませんが、KPI、つまり数値として成果を求めすぎるのもよくありません。

　おっしゃる通りです。KPIの置き方を間違えてしまうと、途端に窮屈になって何も進まなくなってしまう。

　アルムナイ・ネットワーク導入を検討している他の企業の方からも、そこを心配してよく質問をいただきます。皆さんマネジメントからのプレッシャーがあり「KPIを置く必要がありそうです」とおっしゃっていますが、私からは**「弊社では置いていません。置いたら駄目です。アルムナイ領域での常識です」**と、極端な会話をしています（笑）。

——これからアルムナイ・ネットワークを始めようと考えている企業にとっては、既に成果が出ている住友商事だからこそKPIを置かずにうまくやっていけているのではないかと不安を感じてしまうかもしれません。成果に向けた動きの捉え方として、どんなところに秘訣があるとお考えでしょうか。

　厳密にいうと「KPIを置かない」ということが秘訣ではなく、大切なのは「KPI」の設定の仕方だと捉えています。例えば、ビジネス協業を○○件／年実現する、再雇用人数を○○名／年にする、というのは会社ではコントロールできません。**コントロールできないところにKPIを設定することは適切ではないでしょう**。ですので、例えばネットワークの活性化状況など、**事務局がきちんとコントロールできる範囲に限って、一定の成果をモニタリングしていく体制とマインド**が必要なのではないかと思います。

——おっしゃる通り、コントロールできない部分が多いですよね。

　その辺りは、やはり取り組んでみないとわかりにくい部分ではないかと思います。

——それは日本における企業アルムナイ先駆者である住友商事さんが言っているからこそ、とても意義がありますね。

　今、日本では「アルムナイ・ネットワーク＝再雇用の手段」というかたちで受け取られてしまう傾向があります。おそらく、採用という土俵に持ち込むことで、目に見えて成果やKPIとして捉えやすくなるという観点から、皆さん最初に進めやすい点なのかなと思います。

　それ自体は否定しませんし、再雇用を主目的にされている企業では、その目的に向かって然るべき策を講じるべきです。ただし、KPIの置き方次第で、どうしても可能性を自ら狭めてしまってやりにくくなってしまうところがある、それがアルムナイ・ネットワークの特色だなと感じ

第5章 ● 事例：企業から見た企業と個人の新しい関係

ます。

——ネットワークとして走り出してみると、アルムナイとの関係性を通して「それだけじゃもったいないよね」という意見が社内で多く出てきます。そこで、「それでは今後どのような成果を目標にやっていこうか」と考え始めた企業が増えてきているというのが今の状況かもしれません。

　「アルムナイ・ネットワークの存在の有無」が、企業の人的資本経営の側面での価値を測るひとつの指標になっていくのかもしれません。例えば、新卒採用の現場でも、ひとつの企業でずっと働こうと考えている学生は少なくて、自身のキャリア観に沿ってキャリアを積める場所を探す、という考え方が多いと思います。キャリアチェンジの可能性を考えた時に、アルムナイ・ネットワークがあることで、その企業とのつながりを保てて、場合によっては再入社のチャンスがある、それが学生にとってはプラス要素に働く可能性があります。

　社外にいる貴重なリソースであるアルムナイと連携し、双方のメリットを享受しながら共に歩んでいく。それが企業としてもネットワークを持つことによる大きな価値になっていくのではないでしょうか。

アルムナイという社外人的資本と手を携えて「キャリア自律」を実現する

——今までお話しいただいたこと以外にも、人的資本経営とアルムナイに関連するお取り組みがあればお聞かせいただけますか。

　はい、**社員の「キャリア自律」という観点で、アルムナイとの関係性を意図的につくっていくことに取り組んでいます。**

　弊社では「キャリア自律」の考え方を主軸に、全ての従業員が年齢に囚われることなく生き生きと働くことができる環境を整備しています。例えば多様な経験と豊富な知見を有するシニア社員に対しては、自律的なキャリア形成を後押しして、持続的な学び直しの機会提供も含め、各

197

人の「強み」を生かしたキャリア形成に役立つ各種支援策を拡充しています。その支援策のひとつとして、ミドル・シニア世代とアルムナイとの関係性構築に着目して、彼らのキャリア自律を後押しする取り組みを始めました。

急に「キャリア自律」といわれてもなかなかイメージが湧きづらい、学び直しや越境学習という言葉を聞いても実際に何をやればいいのかよくわからない、という声が少なくありません。そういった時に、自身のキャリアを自律的に開拓されているアルムナイの話を聞いたり、相談に乗ってもらえたりすると、その一歩を踏み出す勇気になるのではないかと考えています。もちろん、社内で活躍されている方の話もとても有益ですが、外で活躍されているアルムナイからも話が聞けるのであれば、それは最大限に活用していくべきです。

——キャリアを自律的に考えるという際に、本当にフラットに社内外の環境を見直して考えるには、圧倒的に社外の情報が足りないことが多いですよね。

おっしゃる通りです。例えばシニア社員には再入社社員がいないので、社外にいるアルムナイの力を借りることができればありがたいです。皆さんが外の人間と交流することで改めて本当に自分がやりたいことを見つけて、これまで培ってきた経験を生かして再び輝けるのであれば、その場所が社内であっても社外であっても心の底から応援したいです。

昭和平成の時代には、社員のキャリアは極端な話、会社のものでした。会社の戦略に沿って出された辞令のままに働いてもらう代わりに、定年まで面倒見るようなかたちでした。「キャリア自律」が叫ばれて久しい今では、社員に求められる姿勢も180度変わっています。その中で、支援できることは最大限やっていきたいと思って取り組みを進めています。

また、世代によってキャリア観は全く異なり、今の若手社員は学校でキャリア教育を受けてきたこともあり、びっくりするくらいに自身のキ

第5章 ● 事例：企業から見た企業と個人の新しい関係

ャリアプランを明確に描いているケースが多いです。一方で、キャリア
は思い描いた通りにはならないですから、例え夢破れたケースであって
もキャリアの先輩であるアルムナイの経験談というのは貴重な話になる
と思います。これまでも個人ベースでそういったコミュニケーションは
あったと思いますが、アルムナイ・ネットワークを通じてオープンなか
たちでやりとりができるのは非常に良いことではないでしょうか。

アルムナイと社員、垣根のない関係が続く喜び

——これまでに様々な取り組みや、アルムナイと社員の交流イベントを
されていると思いますが、何か印象に残っていることはありますか。

　年に1回開催している「総会」はやはり印象に残っています。100人
以上が集まって盛り上がる、そんなところが弊社らしくて良いなと思っ
ています。弊社は比較的社員の仲が良い組織ではないかと思いますが、
社員同士にとどまらずアルムナイも一緒に垣根なく社員食堂で盛り上が
る風景は、昔は考えられなかったものだと思います。DE&Iで目指すと
ころでもありますが「垣根がなくなっている」光景を見ると感慨深いで
す。

——そうですね、DE&Iの取り組みを実践している住友商事の風土こそ
が、ネットワークがうまくいっている秘訣かもしれません。在職時に外
と内との壁をガチガチに感じていたら、いざアルムナイになって「オー
プンにいきましょう」といわれても、その壁を打ち破るのはなかなか難
しいでしょう。

　はい、退職される方にアルムナイ・ネットワークのご案内をすると、
皆さん引き続きつながることができることを非常にポジティブに受け止
めてくれます。会社が嫌で辞めるのではなく、それぞれのキャリアの目
的達成のために旅立たれるので、住友商事のことを引き続き好きだと言
ってくださることは素直に嬉しいです。ご案内の度に、「ネットワーク

199

を続けていて良かったな」と思います。

　弊社を退職しても「元住友商事」というキャリアが消えることはありません。だからこそ、私たちが住友商事をさらに良い会社にしていけば、その方の「元住友商事」という経歴も輝く。逆にアルムナイとなった方が活躍してくれれば「住友商事は良い人材を輩出している」という評判にもつながり、「ポジティブな循環」になってきます。面談で必ずこの話をするのですが、皆さん本当に同意してくださり、その後も良い関係が続けられるのは、心の底から嬉しいです。

　住友商事アルムナイ・ネットワークは、文字通り企業アルムナイではありますが、個人的には同級生や部活の同窓生と同じような感覚を持っています。垣根のない関係性の中で、そこには確実に信頼関係が存在しています。そんな信頼関係の中で、双方が互いの期待に答えられるよう今いるフィールドで精一杯頑張って行けたら、この上なく幸せです。

――素敵なお話をありがとうございました！

アルムナイからの声

住友商事株式会社アルムナイNさん

2000年〜2021年在籍
インタビューの中で話題に上がった「共同で
中堅中小企業のDX推進を軸とした
PEファンドを組成したアルムナイ」

　元々住友商事の子会社事業として新しいかたちのバイアウトファンド事業を検討していましたが、投資対象とする事業の規模が小さいことから、住友商事の狙う規模とマッチせず、独立した上でビジネスモデルを構築することで広がりが出ると考え独立しました。一方で、20数年前は日本の総合商社が取り組んでいた領域であったことから、住友商事をパートナーとし、一緒に新しいかたちの事業

投資モデルを構築することで、投資先企業及び住友商事、ひいては総合商社及び日本経済全体のビジネスモデルにインパクトを与えることができると考え、住友商事にビジネスパートナーとなってもらうべく提案を実施し、実現に至りました。

　住友商事には20数年在籍したことから、経営陣や各事業部門の担当など、一緒に仕事をしたことのある方が多数います。**独立した後も引き続き勤めているかのような関係性の中で仕事ができるため、非常に進めやすいと感じています。住友商事側からしてみてもアルムナイであることから一定の信頼感と親近感を感じてもらえることから、新たな話をする際のハードルも非常に低く感じていただいている感触です。**新しく一緒にビジネスを始める会社や関係性が未だ構築されていない会社の場合、当社を知ってもらい、信頼してもらうプロセスにも一定の時間がかかりますが、住友商事との取引においてはそのプロセスが原則不要であることから、コミュニケーションのスピードは極めて早いと感じています。

▌筆者解説

　経営戦略としてDE&Iに取り組む住友商事ですが、アルムナイとの関係も「多様性」のひとつであると捉え、共に価値を創出していくパートナーとして手を携えている姿がとても印象的です。DE&Iの取り組みとして醸成されつつあった多様性を認める文化があったことで、アルムナイ・ネットワークへの取り組みを比較的スムーズに受け入れられたのではないでしょうか。DE&Iの推進が始まったのは5〜6年前とのことですが、アルムナイ側の視点でも、それ以降に退職した方にとっては、在職中の経験を通してDE&Iに対する理解や共感を感じやすいのかもしれません。

　住友商事の事例では、DE&Iを背景としたアルムナイ・ネットワークへの求心力についてご紹介しましたが、DE&Iに留まらず「"企業理念

や考え方"という広い文脈での共感」という視点で捉えた場合も、アルムナイ・ネットワークへの求心力が高まるようです。弊社が実施した調査では、"企業理念や考え方"に共感しているアルムナイは、ネットワーク参加意欲も高いという結果が出ています。

図5-3 企業理念・価値観に共感しているほどネットワークに参加する
アルムナイ・ネットワーク参加意欲の比較×全体／前職在籍時に満足していたことを「企業理念・価値観」と答えた人

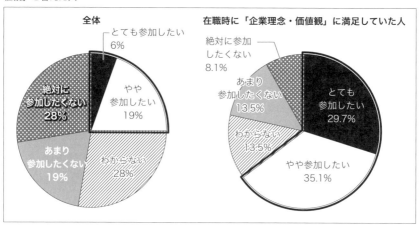

また、今回インタビューを受けてくださった柴田さんは、アルムナイネットワーク案内時の声かけとして、アルムナイと社員それぞれの立場で双方が活躍することによる「ポジティブな循環」について言及されていました。これは、会社を辞めることに少なからず罪悪感を感じてしまう退職者にとって、新たなチャレンジを後押ししてもらえる「良質な体験」といえるでしょう。前述のトヨタのインタビューでもオフボーディングをより良いものにしていく旨のお話があった通り、「退職時の体験」は、退職後のアルムナイとの関係性にも大きな影響を与えるものであると私たちは考えています。

同様に行った調査でも、退職時に上司に温かく送り出してもらった方

ほど、ご自身の仕事のパートナーとして退職した企業と関係を構築することに前向きな反応を見せていることがわかっています。

住友商事においても、DE&Iを背景として醸成された「垣根のない関係」が退職時の声かけにも大きく影響を与えていることで、その結果送り出される側のアルムナイの意識にも好影響を与え、協業などの可能性を広げるかたちとなっていることが推察されます。

社外人的資本としてアルムナイと共に双方に価値ある取り組みを創出

図5-4 温かいオフボーディングが関係構築のカギ

実際に退職を迎えた時の元上司の反応×前職の企業を、自身の現在の仕事のパートナーとして関係構築したいと考えますか（または既にしていますか）

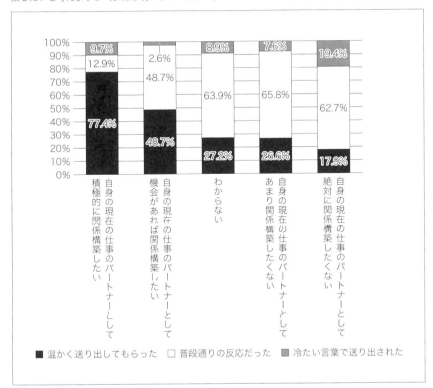

している住友商事ですが、アルムナイとの関係の、今後の進化の可能性に胸が高まります。

第 **6** 章

事例：アルムナイから見た
企業と個人の新しい関係

本章では、アルムナイの立場から「企業と個人の新しい関係」について考えます。ここでは4名のアルムナイのインタビューをご紹介します。

アルムナイと企業が創るWin-Winの関係
顧客として退職した企業と取引を行うケース

　最初は、退職した企業を自身の顧客としている方の例です。「退職した企業を自身のビジネスの顧客としている」という言葉だけを見ると、「お友達感覚で頼みやすいだけだろう」という反応をされる方が多くいらっしゃいます。しかし経営の透明性が問われる今だからこそ、企業がパートナーとして取引先を選ぶには明確な必然性が求められます。

　私たちは、アルムナイが退職した企業にサービスを提供しているケースを多く知っていますが、彼らアルムナイが口を揃えて言うのは、「その企業のことをよく知っている自分だからこそ提供できる価値がある」「結果的に企業にも自身にもメリットが大きい」という言葉です。それではそんな関係性は、具体的にどのような経緯で話が進み、実際にどのような仕事やアルムナイ・ネットワークを通して成り立っているのでしょうか。ここでは2名のアルムナイのケースをご紹介します。

難波 宗廣さん
（サードHRパートナーズ社会保険労務士事務所／
日揮ホールディングス株式会社アルムナイ）

プロフィール

大手ITサービス企業、採用コンサルティング企業を経て、2005年に日揮株式会社（現日揮ホールディングス株式会社、以降「日揮」）へ入社。中東カタール国に建設現場の人事担当マネージャーとして駐在後、本社にて約15年間、人事労務を担当。
日揮退職後は社会保険労務士事務所を立ち上げ、雇用、賃金、ハラスメントなど「人」に関する様々な労働トラブルから企業を守り、企業の働きがいのある職場、働きやすい職場づくりを支援している。

第6章 ● 事例：アルムナイから見た企業と個人の新しい関係

――日揮のアルムナイである難波さんですが、まず同社に入社したきっかけや在籍中のお仕事についてお聞かせください。

　日揮に入社する前は、採用代行や採用コンサルティングを手がける企業にいたのですが、もっと人事全般に関わる仕事がしたいと考え日揮に人事として入社しました。カタールに駐在して建設現場での人事業務を行った後に帰国、その後は本社人事部にて労務管理や出向管理に従事していました。

　入社してから10年近く、やりたいことを本当にやらせていただいたなと感じています。当初は労務管理や出向管理をメインに業務をしていましたが、日揮入社前のキャリアにシステム会社勤務があったことを活かし、人事システム運用や出張管理、セキュリティ関連など、キャリアの幅を大きく広げてさせていただきました。

――その後、退職したきっかけは何だったのでしょうか。

　45歳くらいのタイミングで「キャリアの折り返し地点」として自分自身が今後どうなりたいのか改めて考えた時に、日揮での恵まれた環境に甘えている自分に気づかされました。会社からキャリアを積む上での機会をたくさんもらってきましたが、それはあくまでも与えられるがままであり、自分で“切り拓く”ということではなかったんですよね。残りの社会人人生ではそのままの姿勢ではいけないと思い、キャリアチェンジを考えました。

　とはいえ、日揮について不満があるわけでもなかったので、上司や同僚ともとても良い関係性のまま退職ができたなとは思っています。

――退職後はどんなキャリアチェンジをされたのでしょうか。

　日揮在籍中の2010年に社会保険労務士の資格をとっていたこともあり、2021年に独立して社労士事務所を開業しました。とはいえ、最初から仕事のあてがあったわけではなく、独立しても２〜３年は食べていけない

207

だろうと覚悟を決めての再出発でした。地道に目の前のお客様との関係構築に取り組む中で仕事も徐々に増えて、今ではなんとか事務所を経営することができています。

——今では日揮さんと一緒にお仕事をしているとお聞きしています。きっかけは何だったのでしょうか。

　日揮が新規ビジネスを立ち上げるにあたり、新会社を数社設立したのですが、そのサポートとして声をかけていただいたのがきっかけです。

　日揮の人事の皆さんがお忙しい時期だったのもあると思いますが、そもそも企業の人事担当者は、新会社設立という機会などは滅多にないし、経験してもその経験を活かせる機会はありません。それであれば「外部のリソースを活用しよう」という判断をされて、私の元に話を持ちかけてくださったという経緯だと思います。最初に声をかけてくださったのは、昔の上司でした。

　今でも、日揮のグループ会社がつくった子会社の支援や分社化にあたっての人事労務上でのサポートなど、継続してお付き合いさせていただいています。ちなみに、退職後に初めて日揮とお仕事をする際にご一緒した新会社の社長さんは、在職時に私が人事窓口としてやりとりしたことのある方でした。私のことを覚えてくださっていて、嬉しかったですね。

——日揮さんとお仕事するにあたって、双方の視点から何かメリットはありましたか？

　「小さい会社を創る」という観点では、日揮で整備しているものに全て準拠しようとすると、明らかに過剰な部分が多くあります。とはいえ、子会社であっても日揮グループであることには変わりありません。**日揮グループとして求められるコンプライアンスレベルをしっかりと把握して、最適な落とし所を見つける必要があります。日揮を良く知っている**

ということは、日揮が私をパートナーにする一番のメリットだと思います。

また、日揮を退職して他の会社とお付き合いをさせていただく中で、私自身も日揮在籍時は当たり前と思っていたことが世間一般ではそうではなかったという経験を多くしています。**日揮の捉える"常識"を「本当にそのまま踏襲するんですか?」と問いかけることができるのも、私の強みであり、日揮が私をパートナーにする大きなメリット**なのではないかと感じます。

一方で、私の視点では、他のお取引先に比べて「話がものすごく早い」というのは大きなメリットですね。

──退職後も日揮社とお仕事をされていますが、アルムナイ・ネットワークにもご参加されています。どのように活用されていますか。

元上司とは退職後も時々お会いしていましたが、その中でアルムナイ・ネットワークを紹介いただいたのが登録のきっかけです。ネットワーク内でのやりとりを通して、会社の変化、特に人事制度の変化を知ることができています。

年に1回、日揮が実施しているアルムナイ交流会「エコーデイ」にも参加しています。交流会では、久しぶりに顔を合わせるアルムナイも多くいます。私より前に退職したアルムナイからは、私が辞めたことにびっくりされると同時に、励ましの言葉をいただいたりすることもあります。

また、ネットワークでは日揮の情報を定期的に配信していただいています。今の日揮がどうなっているか、このネットワークがなければ知る術もないですし、アルムナイ同士で会うと日揮の変化について話題になります。**ネットワークを通して、「退職してもつながりがある」ということ自体が価値だと感じています。**

——退職後も、前職の変化を知ることができるのは、ネットワークがあるからこそですね。

　はい、外から見ていると、日揮全体が本当に多様性を大切にする社風になってきているなと感じて嬉しく思っています。アルムナイ・ネットワークは、まさにその多様性のひとつですよね。

　私自身も、日揮とビジネス上でお付き合いをしていくにあたり、**日揮ならではの文化や制度を知りつつも、外部の人間だからこそその「多様性」の知見をうまくバランスをとって伝えていきたい**と考えています。私はおそらくそうした“アルムナイ的”な距離の取り方が、一番日揮に貢献できると思っているんです。社内にいた時は、こういう価値の提供はできなかったので、異なる立場から日揮に貢献できることをとても嬉しく感じています。

　キャリアの幅を広げるために入社した日揮ですが、退職した後も、一緒に仕事をしたり、アルムナイ同士での仕事のつながりをつくったり、新しいチャンスを開拓するきっかけになっていると感じます。日揮と日揮のアルムナイである私の双方が「多様性」の中でそれぞれのメリットを最大限享受できる今の関係性に、とても満足しています。

■日揮グループから見た難波さんー難波さんの元同僚でもあるアルムナイ・ネットワーク事務局の池内達宣さん（日揮コーポレートソリューションズ株式会社人財部）から

　日揮グループでは海外の売上が８割を占める中で人事の業務も複雑かつ高度化していますが、難波さんはその労務責任者として確かな知識と高い視座を持ち合わせている希少な人財でした。ウチに秘めた熱い想いはありますが、冷静かつ論理的にソトに説明する、言い換えれば熱いハートと冷静なブレインのバランスを意識されて執務されている方です。キャリア採用で当社に入られましたが、最初から新卒と間違うくらい当社の文化を理解していて、何でも相談できる魅力ある日揮人事パーソン

でした。

　一昔前の世の中では「退職＝悪」がマジョリティーでしたが、日揮グループでは退職された方も「JGC Members」と定義しお付き合いしています。ゆえに当社グループでは辞めた人でも協業したり長く付き合うことは当たり前でした。私の経験でも離職した人とプロジェクトを進めたり、定年退職した人にアドバイザーをしてもらうなど日常の光景でした。

　難波さんの話に焦点を当てると、確かな知識と当社グループの文化を理解している点、そしてお人柄も含め「替えの利かない」人財です。当社グループに従業員として戻るかは手段の話。引き続き良好な関係で長く協業していただければ嬉しいと思っています。また、**難波さんのように「替えの利かない人財」を育てた会社ともいえますので、手前味噌ですがアルムナイの皆さんを誇りに思います。**

　日揮グループは、退職者・社員という垣根があまりない企業だと思います。プロジェクトを受注したら日本や世界の人財を集め、人を含めた地球の健康を守るプロジェクトを完遂させる。そのために社員か退職者か派遣かといった違いは関係ありません。日揮グループに携わった人は皆、いつの時代であっても産業・ひいては社会の基盤を支える存在だと思います。人・地球のために、JGC Membersみんなでやり遂げよう！という想いがとても強いです。再入社もぜひしてほしいのですが、それよりは良好な関係で、何かあれば一緒に目標到達しよう！という仲間意識のほうが大事だと思います。

CASE 2　大山 健一郎さん
（ハーブ農家／株式会社八芳園アルムナイ）

プロフィール

茨城県出身。株式会社八芳園にて事業企画やレストランの支配人として勤務。退職後、家族時間を大切にする働き方の手段として農業を始める。

——株式会社八芳園のアルムナイである大山さんですが、まずは同社に入社したきっかけや、在籍中のお仕事についてお聞かせください。

接客業に興味があり、その中でも楽しそうな結婚式に関わってみたい思いで2007年に八芳園へ入社しました。現場での仕事を中心に、2〜3年単位で徐々に立場を変え、複数の事業に関わりました。その中でも長くいたのは群馬県高崎神社から当時受託していた事業で、副支配人まで務めました。アルバイトチームの立ち上げや結婚式の営業、プランナー、最後は法人の営業までしました。

高崎での仕事はそれまでの仕事内容とは全く違ったので、苦労しましたね。地域にどのように人を呼ぶか、どのようにモチベーションを上げて働いてもらうかは八芳園本社と全く違っていて、とてもやりがいがありました。今振り返るとここでの経験を通して、本当に世界が広がった感じがしています。「式場でマルシェをやろう」と地域の企業や地元農家に声をかけて、段々かたちになっていったこともとても印象に残っています。そこでつながった方々がレストランに来てくださったり、結婚式をしてくださったりしたんですよ。また、マルシェで取り扱った農家さんの野菜を使って商品を作っていくなど、「何かを生み出す」きっかけづくりをできたのが、今でも経験としてとても活きています。

八芳園に戻ってからは、事業企画、それからレストランを担当し、料理のコンセプト設計を任されました。アレルギーを持つお客様も食べられる料理を検討する過程で、「自然栽培」に出会いました。自然栽培の

第6章 ● 事例：アルムナイから見た企業と個人の新しい関係

農家を直接回って買い付けを行っていたので、農家の方々と触れ合う中で、農家の暮らし方に惹かれるようになったのがこの時期です。この経験が次のキャリアを考えるきっかけとなりました。

——そんな多くの業務に関わる中で、退職を決めた背景をお聞かせください。

　2018年に退職したのですが、その時期はちょうど、長く働き役職についたことで自分なりの考えが出てきた頃でした。今考えると、あの頃の自分は本当に子供だったなと思います。社内では会社の方向性について意見をぶつけ合うこともありました。そこで「自分が事業をつくる立場になれば、今わからない部分や不思議に思っている部分を理解できるのかもしれない」と思ったのが、退職の直接的なきっかけです。

　当時35歳で、年齢的に「転職のボーダーライン」だという話も見聞きしていたので、すぐに次に向かって動き出していました。急かすようなかたちで退職を伝えてしまったことはよくなかったなと、今になっては反省しています。ただ、これだけは声を大にして言いたいのですが、決して八芳園を嫌になって辞めたわけではないんですよ。

——そんな中で退職後のキャリアに農家を選んだきっかけを教えてください。

　子どもとの時間をもっとつくりたいと思ったこと、それから、先ほどの話の通り「小さくてもいいから自分で事業をやりたい」という思いがきっかけです。レストランの仕事の中で農家さんと距離が近かったので、その時間の過ごし方もイメージがつきました。結果的に、生まれ故郷の茨城で移住も含めた行政の研修を受け、そのまま農家として起業しました。現在は委託栽培を中心にハーブをつくっています。

　今は、水戸に4店舗、つくばとひたちなかで1店舗ずつ卸しているのですが、エンドユーザーがハーブをどう使っているのかを知らない農家

さんも多いので、ハーブが料理の中でどのような使われ方をしているのかがわかるという点では、八芳園での経験が活きています。

――八芳園さんとも仕事のやりとりがあると伺いました。

　八芳園から独立した板前が自店で私のつくった野菜を使ってくれていたのですが、その板前が八芳園に戻ることになり、そのまま引き続き使っていただけることになったのが、八芳園とのお取引のきっかけです。同じアルムナイである彼をきっかけとして、ひょんなことからお取引が始まりました。

――八芳園退職後もアルムナイとは交流があったのですか。

　未だに連絡をくれる人は多いし、茨城に遊びに来てくれたメンバーもいます。先ほどの板前とは社員旅行がきっかけで仲良くなったのですが、退職後もよく飲みに行っていました。そんな縁もあり、私の野菜を使ってくれていたんです。

――八芳園とのお取引の様子について、もう少しお聞かせいただけますか。

　はい、エンドユーザーのことがイメージできるのが私の強みなのですが、例えば「何月何日にこういうメニューをつくりたくて、テストでつくっている料理はこれだよ」と写真を送ってくれたら、こちらもそれに対して品種や大きさなどを提案することができるので、そのようなかたちで取引させていただいています。

　八芳園ほどの大きな規模ですと、私のような小規模な農家では、普通は固定で出荷することはできません。ハーブは競合が少ないので、小口の農家はロスを出さずに先行投資を回収していくことが大事なんです。それが、大きいオーダーにしても、担当者との関係性がしっかり構築されているからこそ、事前に受注生産というかたちで受けることができる

214

ので、ロスも少なくやりとりもスムーズにできるのがとても助かっています。

八芳園の仕入れの部署の方も、お互いを知っているからこそ、気楽に頼めるのではと思います。私の農園のコンセプトは、実は「レストランにとって"都合の良い"農家」なんです。"都合が良い"というとマイナスなイメージを持たれそうですが、クライアントファーストで、お客様に応じていろいろ調整が効いたりするということ。私自身は、新参者の生きる道として正しいあり方だとも思っています。

都合の良さは、エンドユーザーのことをわかっているからこそですが、八芳園時代も「お客さんにとってどうしたら"都合が良い"か」を常に考えていたという意味では、通じるものがあるかもしれません。

——八芳園のアルムナイとして、アルムナイ・ネットワークに思うことがあればお聞かせください。

アルムナイ・ネットワークに登録したのは、「八芳園を応援したい」という気持ちからです。ビジネス上の関係性は後付けで、あくまでもサポーターみたいな立ち位置ですね。コロナ禍でも、「八芳園が今大変なんじゃないかな」とすごく心配な気持ちになりましたし、極端な話、八芳園がなくなってしまうなんてことがあったら、心から悲しいです。**「八芳園にできることがあればやりたい」、そんな気持ちでネットワークに登録しました。**

——八芳園さんのアルムナイ・ネットワークには、自身のビジネスへの還元というよりも「まずは八芳園を応援したい」という想いの方が多くいらっしゃるご様子ですね。

はい、本当にお世話になりましたからね（笑）。そもそも振り返ると八芳園に入社したのも、「とりあえずやってみる」の考えでした。なので、アルムナイと今後もしビジネス上の取引など生まれることがあるな

らば、まずはとりあえずやってみよう！と思います。小さい規模の農家なので、それが起因してやってみてもできないことは正直にごめんなさい、と言います。アルムナイという関係性の中で、それを許容してくれる方がお相手であれば、いろいろチャレンジしてみたいですね。

■八芳園から見た大山さんー取引をしている板前のSさんから

　大山さんは自分の意志をしっかりと持っている方で、様々にチャレンジされる印象がありました。またカメラが趣味で料理の写真やイベントの風景などたくさん写真を撮ってもらい、思い出として残っています。

　大山さんが弊社とお取引してくださっていることを大変ありがたく感じています。イベント毎に野菜やエディブルフラワー（食用花）を栽培して細かいリクエストまで聞いてつくっていただいています。生産者の背景を感じながらお料理が作れますので、ストーリーのある1皿が生まれ、お客様にもお話ができて一緒に応援させていただいています。

　大山さんとは同じ職場で共に働く仲間だったので、人柄もわかっており安心して取引を行うことができています。大山さんご自身も弊社のことを本当によく理解してくれているので、**痒いところに手が届くきめ細**

第6章 ● 事例：アルムナイから見た企業と個人の新しい関係

かい対応をしてくださっているのが、**弊社としてとても大きなメリット**だと感じています。

▌筆者解説

　ご紹介した2名のアルムナイが前職企業とお付き合いを始めたきっかけはそれぞれでしたが、双方にメリットのある関係性づくりができていることがおわかりいただけたのではないでしょうか。特に企業側のメリットは、**企業独自の仕事の進め方を熟知したアルムナイとの関係性以外では実現しえないもの**といえるでしょう。

　弊社が実施したアンケート調査では、退職した企業を自身の顧客としたいと考えている層が一定数いることがわかっています。具体的には「顧客にしたくない」と答えた人が39％いましたが、「わからない」を含む残りの約60％の方は、今後取引の可能性がある層と捉えることができます。「わからない」と答えた32％の方は、今後企業側からネットワークを通してアルムナイとどんな関係性を構築していきたいのか、例えばビジネス上のお付き合いをすることをポジティブに捉えているかどうかをしっかりとメッセージングすることで、今後、関係構築を「したい」という気持ちに変化することも十分に考えられるでしょう。

　また、同じアンケート調査で「アルムナイ・ネットワークがあれば参加したい」と回答した人を母数に同様の結果を見ると、およそ8割弱の方に同様の可能性が広がることがわかります（**図6-1**）。

　今回ご紹介した2名もアルムナイ・ネットワークに登録されていますが、ネットワークに登録しているということが、前職との関係性構築に前向きであることと一定の相関関係を持っていることがデータを通しても示唆される結果となりました。

　インタビューの中で難波さんが「日揮に貢献したい」とおっしゃっていたこと、大山さんがアルムナイ・ネットワークに登録した理由を「八

217

図6-1　アルムナイが前職企業との関係構築を希望する度合

前職の企業を、自身の現在の仕事の顧客として関係構築したいと考えますか（または既にしていますか）

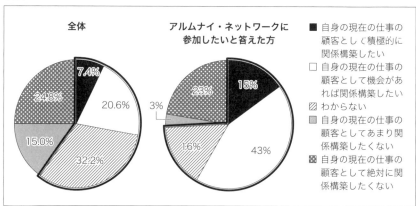

芳園を応援したいから」とおっしゃっていたことが印象的です。そうした想いを背景に、アルムナイが社外の良きパートナーとして複合的な視点で価値提供してくださるからこそ、企業としてもアルムナイを唯一無二の取引相手として関係継続していけるのだと私たちは考えています。

第6章 ● 事例：アルムナイから見た企業と個人の新しい関係

アルムナイ・ネットワークを通して変わる
前職企業の印象
ネットワーク登録後に会社の変化を感じ、再入社したケース

　前項で「企業の力になりたい」という想いを原動力にビジネスパートナーとして手を取り合う事例をご紹介しましたが、ビジネスパートナーとしてお付き合いを続けるのではなく、再び前職企業へ入社されるケースもあります。ここでは、自身のビジネス推進の情報収集のためにアルムナイ・ネットワークに登録し、企業と関係を持っていく中でその企業に対する印象が在籍時から変わったことが影響して、結果的に再入社をするまでに至った事例をご紹介します。

市川さん
（三井住友海上火災保険株式会社）

プロフィール

三井住友海上で金融機関や自動車メーカー向け法人営業を経験。その後、プロスポーツチームにてスポンサー営業に携わる。2023年4月にアルムナイ制度により三井住友海上に復帰し、グローバル企業の保険プログラム運営や新規企業開拓に従事。

――三井住友海上火災保険株式会社を一度退職された後、また再入社されて働いていらっしゃると伺いました。これまで辿られたキャリアの変遷について、お聞かせいただけますか。

　はい、2011年に新卒で三井住友海上へ入社しました。実は新卒採用の際には、2次面接を遅刻してしまったんです。当日面接を受けることはできなかったものの、人事から連絡をもらって改めて面接を調整いただき、その後内定をいただきました。そんな一連の対応を経て、自分のことを評価してくれているということが本当に有り難かったですし、そんなふうに自分のことを必要としてもらえる環境で働けるのは素敵なこと

だと感じて、入社しました。

　新卒入社後のキャリアとしては、2021年11月に一度退職するまでの11年のうち、9年半ほどは法人営業に従事しており、前半は大阪に、後半は名古屋に赴任して、お客様企業との関係構築に努めていました。2020年10月からは、当時の名称で「ビジネスイノベーション部」という部門に1年ほど所属し、新しい保険商品やサービスの研究と開発に携わりました。

　当時から私は、自分の仕事は巡り巡って誰かのためになっている仕事であることをとても実感していました。例えば災害や事故などの後にお客様から「この保険をつけておいて良かった」というようなお声をいただくと、自分が少しでも価値のある仕事に携わっていられるのだと感じ、それがやりがいにもつながっていたことを強く覚えています。特に営業のシーンでは社内外問わず人とコミュニケーションをとることが多く、社会との関わりの中で、意義のある仕事ができているのだと実感できて本当によかったなと今でも心から思います。

　退職した際も、会社が嫌で辞めたわけではないんです。一言で言うと、「好きなことを仕事にしたかった」というのが理由です。スポーツビジネスの中でも特にプロチームの経営に携わりたい、と20代半ばから漠然と考えていました。その後、営業の仕事が忙しくなり、そんな想いを封印していた時期もありましたが、居住地を名古屋から首都圏に戻したり、結婚したりと、ライフステージの変化が重なる中で、当時の想いがまた大きくなっていました。そんな時、とあるプロスポーツチームとご縁ができたことをきっかけに転職に至りました。

──退職することを周囲の方に報告した時のことを覚えていらっしゃいますか。

　はい、もちろんです。実は当初、退職するかもしれないことは仲の良い同期にしか話しておらず、多くの方には、退職することが決まってか

第6章 ● 事例：アルムナイから見た企業と個人の新しい関係

ら報告をしたんです。ほとんどが好意的な反応で、ネガティブな反応は皆無でした。「羨ましい」「頑張れ」と言ってもらえたのは嬉しかったです。また、「寂しくなる」「将来こんなかたちで活躍できると思っていたのに」という声も自分としてはとても有り難かったです。

——退職してからプロスポーツチームに転職されて、どんなお仕事をされていたのですか。

　主にスポンサー営業をしていました。また、会社の規模感からも一人ひとりの携わる業務範囲が大きかったため、営業にとどまらず試合運営に関わるようなことやグッズ販売等にも携わっていました。

　それまでの保険営業では、様々な業界に関わることで広く浅く世の中の課題にタッチするジェネラリストのような立ち位置でした。ビジネスイノベーション部時代も、「社会課題を解決する保険商品やサービスを開発してそれをマネタイズする」というのが部門のミッションだったので、気候変動をはじめとした幅広い分野の知識を背景に業務を進めていました。同様に、転職後のスポーツチームのスポンサー営業においても、スポンサーが抱えている課題やその背景にある社会課題に対して、チームのアセットを活用した間接的な解決策の提案を求められる場面が多く、三井住友海上での経験がとても活かされていたと感じます。

　私に限らず、スポーツビジネスの現場には実は様々なバックグラウンドを持つ方がいらっしゃって、異業種出身の人材がそれぞれのスキルを発揮するフィールドが広く用意されている業界だと感じます。

——そんな中で、三井住友海上さんのアルムナイ　ネットワークにご登録されたわけですが、きっかけは何だったのでしょうか。

　2022年に日本経済新聞に掲載された三井住友海上の**アルムナイ・ネットワークに関する記事を見たことがきっかけ**です。私自身、退職後も新卒入社の同期や先輩後輩とコミュニケーションをとっていたことで、ネ

221

ットワークの存在は耳にしていたため、当時はアルムナイの中から「新しいスポンサー候補を探す」という意味で、ビジネスアライアンスや協業の可能性を感じてネットワークに参加したんです。

実際に参加している方へ個別にオンラインでミーティングさせていただいたこともあります。私からはスポンサーにならないかのご提案、お相手からも私の所属していたチームへ商材をご提案いただいたりすることで、双方がWin-Winとなるネットワーキングができていたのではないかと思っています。私の自己紹介を見て、個別にダイレクトメッセージを送ってくださったアルムナイも複数名いらっしゃいましたよ。

アルムナイ・ネットワークが掲げる「ゆるいつながり」は居心地が良く、お互いマッチする機会があれば協業の話もするし、ダメならダメでまたの機会に、というコミュニケーションが気兼ねなくできるのは本当にいいなと思います。

――アルムナイ同士の良いネットワーキングの場として活用なさっていたんですね。一方で、ネットワークを通して三井住友海上との関係性に変化はありましたか。

交流会が行われていることを知り、これはぜひ参加したいと考えるようになりました。転職するとそれまで社内で培ってきた人脈は通用しないので、自分でどんどんネットワーキングを拡げていかなくてはいけないですよね。そんな時に三井住友海上のアルムナイという共通項を通して交流会の場でアルムナイや三井住友海上とゆるやかな関係性づくりができるのであれば、それは本当に有り難い限りです。

アルムナイ・ネットワークでは、**ネットワーキングというメリットを享受するだけではなく、「会社が変わろうとしている」ということを強く感じたことも、とても大きな収穫でした。**私が退職した当時はやはり退職は片道切符の印象が強かったので、新しく整備された再入社の制度などを目にしたことは、良い意味でとても驚いたことを覚えています。

第6章 ● 事例：アルムナイから見た企業と個人の新しい関係

――結果的に再入社に至られましたが、その背景についてお聞かせいただけますか。

自分のやりたいことを追い求めて転職しましたが、**自身のライフステージが変わる中で、家族との生活を基準に仕事に向き合いたいと考えたのがきっかけ**です。

業界の構造的に、家族と過ごすための休みをタイミングを良くとることができなかったこともあり、転職を起点に私たち夫婦が長い目で見た時の「家族の理想のあり方」をふと考えたのが最初のきっかけでした。夫婦共働き、ダブルインカムで多忙なことを前提としてきましたが「本当に家族としてそれでいいのか」と思いました。自分が選んだ道といえばそれまでなのですが、今後の人生を数年単位でシミュレーションして、改めて人生設計を考えました。そんな中で、退職当時から変化した三井住友海上の再雇用制度に思いが至り、家族にも相談の上で「戻るなら今だ」と判断しました。保険の仕事はとてもやりがいがあるし、そもそも嫌いで辞めたわけではない、**さらに、会社も大きく変化をしているとわかっていたことが背中を押してくれたのかもしれません。**

ただ、プロスポーツチームへの転職自体は全く後悔していません。むしろチャレンジできて本当に良かったと感じています。行ってみないとわからないこともたくさん経験できましたし、**自身のライフスタイルの変化もいざ時間が経ってみないとわかりませんでしたから。**

――再入社をしてからのこと、また、そこで感じた自身の変化などあれば教えてください。

再入社後は、東京の法人営業部門に戻りました。スポーツビジネスの専門的な知見や知識をそのまま活かせるようなことはあまりないのですが、転職する前の自身と比べると、主にマインドの部分で大きく変わり、それが働き方にも変化を与えていると感じています。

一言で言うなら、**「自分の思い描いた通りに物事が進まない時に、今**

223

まで以上に自分にベクトルを向けて問題解決に取り組むことができるようになった」ということに尽きます。社内のシステムや研修、福利厚生制度、マニュアルなど、大企業はありとあらゆるものが揃っている恵まれた環境です。私が一度外に出て経験したスポーツの世界ではまだまだ整備途中のものが多いものの、仕事はしっかりしていかなくてはいけない。誰かのせいにして動きを止めるような時間もないので、結局は自分に矢印を向けるしかないんですよね。一人ひとりがしっかり機能していかないと仕事が進みませんから。大企業にいると麻痺してしまいがちで、誰かが何とかしてくれるという思考になってしまう可能性もあるのではないかと感じています。特に再入社したばかりの昨年1年間は、多くの方に外に出た時のことを聞かれる機会が多かったため、そうしたマインドの話はよくさせてもらいました。職場の環境改善や人事への提案要望を組合としてまとめるような機会があるのですが、そうした場でも外の世界でのスタンダードと照らし合わせて自分なりの意見をフィードバックしています。

——再雇用制度を使って再入社された立場として、伝えたいことがあればぜひお聞かせください。

　私が特に伝えたいのは、「会社を辞める時の"辞め方"」についてです。

　数年で辞めてしまう新卒の社員がよく新聞等で話題になりますが、少し辛くても踏ん張って乗り切る経験は本当に大事です。再雇用制度自体は素晴らしいと思いますが、社員の側がそれに頼りすぎてはいけない。「再入社できるから辞めよう」という感覚にもしなってしまうとしたら、それはあまり良くないと感じています。

　再入社できる制度はとても価値のあることだと思いますが、一方で会社を辞めるということは中途半端な気持ちでしてはいけません。何のために仕事をするのか、何を大事にしていくのか、そのような自分の中での"価値基準"は必ず忘れないように明確にした上で、いろいろな経験

をするのが良いと思います。今は会社にいても出向や副業をしたり、スタートアップに行ったりと、できることが多いですよね。私の時代はそのような選択肢が今より少なかったので、とても羨ましいです。外の世界を知るためにそのような制度を使う選択肢もありだと思います。あくまでも自身のキャリアを考える上での選択肢のひとつとして〝退職〞があり、やりたいことを実現するために〝退職〞や〝再入社〞が最良の選択なのであれば、そう選択するのもいいでしょう。

■三井住友海上から見た市川さん―現在の直属上司Hさんから

　市川さんが自部門に配属されると聞いた時、非常に嬉しく思ったことを今でも思い出します。

　以前にも当社で働いており既に経験と知識を持ち合わせていることは、上司としては大きな魅力であり安心感がありました。**再入社するということは、市川さんが当社の働き方や企業文化に満足している表れであると理解し、会社への信頼と忠誠心を持って働いてくれる**と感じました。

　また過去に市川さんが当社で大活躍していたことを知っていました。その能力やスキルが再び当部で活かされることになるのは非常に有り難いことです。私たちのチームではお互いの意見を尊重しつつ、トライアンドエラーを繰り返しながら皆で目標に取り組むことをモットーとしていますが、社外経験を持つ市川さんがさらなる新風を吹き込むことで組織が活性化し、チーム全体のパフォーマンスが向上することは間違いないと思い、大きな期待を持ったことをよく覚えています。

　総じていえば、市川さんの再入社は私たちのチームにとっては非常に素晴らしいニュースであり、チームの皆が期待を膨らませるものだったのです。市川さんの社外経験を活かしながら、チームとしてより良い成果を上げることができると確信しました。

　前職場がプロスポーツチームの営業で「夢を追いかける」要素が大きかったこともあり、仕事に対する熱量が非常に高く、常に目標を追求し、

225

最善の結果を出すために努力している姿勢が印象的です。また、比較的自身の裁量が大きい中小企業という環境で鍛えられた自己管理・解決能力は、他の社員にもとても参考になると考えています。

　わかりやすく言うと、自分で言い出したことに対し、決して評論家となって傍観するのではなく、自分自身で突き進んで周りも巻き込んでいくパワーと推進力がずば抜けていると、日々実感しています。どのような議題でも真っ先に発言するのは市川さんであり、全ての議題で必ず発言してくれます。**彼が加入したことにより、チーム内の議論が活性化し、皆が活発に発言するようになりました。**新しいアイデアも積極的に提案し、常に改善の余地を見つけようとする姿勢もチームに良い刺激を与えています。

　市川さんの発言で「損保業界の常識は非常識」と気づかされることも多くの場面であり、皆が市川さんの意見に真剣に耳を傾ける姿が当チームの風物詩になっています。

▌ 筆者解説

　ご紹介した市川さんは、アルムナイ・ネットワークを当初は「自身のビジネスのネットワーキングを広げるためのもの」と捉えていましたが、ご自身のライフスタイルの変化を背景に、ネットワークで知った再雇用制度を活用して、結果的に再入社に至りました。市川さんのように、個々人のキャリアへの捉え方や考え方は、絶えず変化します。企業の採用担当者は、アルムナイの再入社に対する意識も、その時のキャリアの捉え方次第で変化していくことを心に留めて、コミュニケーションにあたっていくのが最良でしょう。

　実際に弊社が実施したアンケート調査では、「現在再入社の求人に応募したいと思う人」の前職の退職理由は、「勤務地変更」や「自身の病気など」の外的要因に次いで「異なる業界・業種へのチャレンジ」といった内的要因が挙げられます（**図6-2**）。

第6章 ● 事例：アルムナイから見た企業と個人の新しい関係

図6-2　再入社希望の度合いと退職理由
前職の企業が再入社の求人を公開したら、応募したいと考えますか×退職を決めた理由

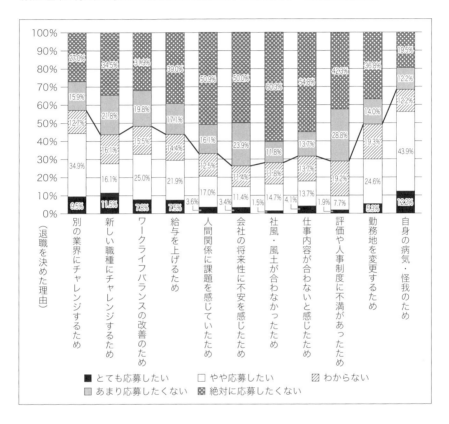

　とはいえ、現時点で「応募したくない」としている方々が今後再入社の可能性がないのかというと、答えはNOです。
　市川さんご自身も「企業から定期的に送られてくる直近の取り組みについてのレポートやイベント参加を通してその変化を実感した」とお話しされています。アルムナイとの関係を維持する中で、ビジネス協業や再入社の可能性を高めていくには、変化した企業のあり方を目の当たりにしてアルムナイの意識を変えていくことが、企業側のアクションとして重要です。

227

4章の最後に、再入社の可能性についてアルムナイを4象限に分類してご説明しましたが、それぞれの象限にいるアルムナイに今どんな発信をしていくべきなのか、また、どんな発信ができるのかを企業として改めて整理した上でコミュニケーションをとっていただきたいと思います。

図6-3　アルムナイ再入社の可能性の4象限（4章より再掲）

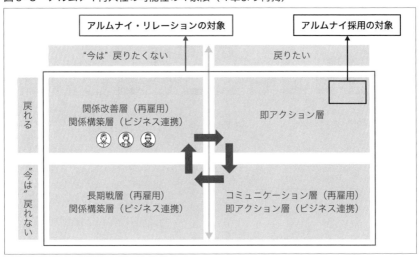

第6章 ● 事例：アルムナイから見た企業と個人の新しい関係

アルムナイ・ネットワークで広がるアルムナイのビジネス機会
知見とネットワークを活用しビジネスを創出したケース

　ここまで企業との関係構築・関係性の変化という観点でGive&Takeを実現している方々に注目してアルムナイのインタビューをご紹介しましたが、そうした「企業との関係」に留まらず、ネットワークを最大限に自身のビジネスに活用されている方も多くいらっしゃるのがアルムナイ・ネットワークの大きな特徴です。企業がネットワークを通してアルムナイ同士の交流の場を提供することは、アルムナイへのGiveとなり、そうした価値提供を続けていくことで、アルムナイからの求心力を維持し、ネットワークに訪れてくれるきっかけとなるでしょう。また、例えばアルムナイの所属企業と自社との協業を生むなど、自社にとっての直接的なメリットにつながることもあります。

　ここでは、アルムナイ・ネットワークを自身のビジネスチャンスとして捉え、結果的にアルムナイ同士のみならず、前職企業との大きな新規事業創出をも実現したアルムナイの声をご紹介します。

若狭 僚介さん
（nat株式会社／株式会社インテージアルムナイ）

プロフィール
大学在学時にNPO法人の大学組織の代表を務めた後、新卒で株式会社インテージに入社。事業会社や広告代理店の様々なマーケティング課題に対するマーケティングリサーチ業務に従事。現在はベンチャー企業であるnat株式会社でソリューションマネジメント部に所属し、フロント領域の管轄を行う。

――若狭さんはインテージ社のアルムナイ・ネットワークを通してビジネスの機会を多く開拓されているとお聞きしています。

229

はい、実は私自身、アルムナイ・ネットワークに、インテージで初めて加わるようになったわけではないのです。学生時代にNPO法人TABLE FOR TWO University Association（以下TFT）で代表を務めていたのですが、その母体となっていた大学連合のアルムナイ・ネットワークがあり、既にそこでビジネスの観点で多く利用していました。インテージに入社してからも、様々な業界に携わるアルムナイ同士が集まってビジネスプロジェクトを立ち上げ、福島県の生産者と協力してドライフルーツのチャリティー商品をつくったりしていました。例えば広告会社にいるアルムナイが販売時の広告設計をしたり、調査会社にいる私がどんな商品が売れるのかリサーチしたり。何かビジネスのニーズがあった時にそれぞれの立場を活かしてアルムナイ同士でつながることができる環境を通して、アルムナイ同士でつながっていることの価値もよくわかっていました。

　そんな背景もあって、インテージを退職した際も、インテージアルムナイ・ネットワークにすぐに登録しました。インテージのアルムナイ・ネットワークがあることは、在籍時から会社の掲示板でチェックしていました。以前はつながりたい人と簡単にFacebookでつながることができましたが、最近はFacebookを使っている人も減っており、代わりになるシステムがあったら嬉しいな、と思っていたので本当に有り難かったです。

　現在、営業のポジションを担っているので、ネットワークにいる方にはいつもアンテナを張っています。ネットワークの名簿を通して様々な方の職歴や関心事がわかるのがとても助かっています。

──「アルムナイ」という概念は、まだ世間ではやっと認知されてきた状況で、「どうやってネットワークを使ったらいいかわからない」という声もよくお聞きします。その点、若狭さんは既に使い方を熟知されていたんですね。

第6章 ● 事例：アルムナイから見た企業と個人の新しい関係

　はい、現在の仕事や関心事項を公開すると、興味を持って下さったアルムナイの方から連絡をいただくこともあります。ビジネス上のネットワーキングに興味がある方は、自分の情報をしっかりと公開しておくことをおすすめします。結局はGive&Takeだと思いますので。現在はもちろんインテージアルムナイ・ネットワークを活用していますし、インテージにいる頃からTFTアルムナイ・ネットワークを最大限活用してきた私のノウハウもあります。

──そもそも若狭さんはインテージ社にいらっしゃる頃はどんなお仕事をされていたんでしょうか。

　インテージでは、営業とリサーチを兼任するような立場で、広告代理店と共にテレビCMやデジタル広告の出稿支援・効果検証をしていました。学生時代に統計の勉強をしていたのですが、入社当時はデジタル広告やマス広告の分野は全くの専門外で、戸惑うことも多かったです。ただ、元来の自分の性格が、外に出て様々な人とコミュニケーションしたいタイプなので、それを活かしていくうちに、入社2、3年目以降は業務の責任範囲も広がってきて、仕事がどんどん楽しくなってきました。ワーカホリックな自分にとって、裁量が大きい中でクライアントとビジネスを推進できることはこの上ない環境でしたね。マーケティング関連の様々なネットワーキングイベントにもよく会社を代表して参加させていただきました。常にアンテナを張りながら、時にはお酒を交えながらビジネスの種を探す、そんな環境がとても楽しかったですし、有り難かったです。

──働く環境も働き方も満たされていた若狭さんですが、インテージ退職のきっかけは何だったのでしょうか。

　調査会社の仕事はあくまでも「支援」です。いつかは最終的に事業の意思決定に関わりたい、という想いを漠然と考えていました。とはいえ、

231

自分で起業したいというほどの強烈な課題意識や経験があるかというとそこまでではない。どんなかたちで自分のキャリアを描いていくか考えていたちょうどそのタイミングで、学生時代の仲間が事業を立ち上げるという情報をFacebookで見かけて声をかけたのがきっかけです。その仲間の会社こそが、今、私が勤務しているnat株式会社です。弊社はスマホを活用したAI測量アプリをサービスとして扱っているのですが、その頃、実はプライベートで家を購入する決断をした背景もあり、リフォーム現場での測量をスマホで完結できるそのサービスにとても興味を持ちました。現在の測量の現場に革命が起こると確信して、事業内容としてもとても共鳴できること、信頼できる友人の立ち上げた事業であったことから、今が自分のキャリアチェンジのタイミングだと感じて、インテージを退職するに至りました。インテージに対するネガティブな想いからの退職ではないので、今でもインテージの社員とはとても仲良くさせていただいています。

——そんな経緯で入社された現職で、インテージさんと一緒に新規事業に取り組んでいるとお聞きしていますが……すみません、調査会社さんとAI測量アプリを扱う貴社がどんな協業をされているのか、全くイメージがつきません。

　そうですよね（笑）。弊社が現在インテージさんと進めている新規事業は、「ホームビジット調査」に関わる事業です。
　実は、発端は私がインテージに在籍している時に感じていた既存事業に対しての課題感でした。ホームビジット調査は、生活者の自宅へ調査員が伺い実施するもので、とてもコストのかかる調査です。そんなサービスに弊社のアプリを取り入れることができれば、確実に今より良いソリューションが作り出せると信じて、インテージの担当者に話をさせてもらったのが始まりでした。
　初めて提案した時は、まだプロダクトも今ほど完成はしていなかった

第6章 ● 事例：アルムナイから見た企業と個人の新しい関係

のですが、弊社の開発メンバーも交えて継続的にコミュニケーションを
とり、インテージでも活用いただけるアプリを一緒に作り上げていった
かたちになります。

——アルムナイとして前職企業と取引を進めていく中で、他の取引先企
業と比べて異なる点はありましたか。

　それはもう本当に自身の経験があってこそですが、とても異なってい
ると感じています。**インテージが弊社にどのような提案を求めているのか、また、クライ
アントであるメーカー担当者が調査にあたってどんな情報がほしいのか、
どんな視点で調査を進めていきたいのかがわかる点こそが、自分の強み**
です。インテージ在籍時の経験があったからこそスムーズに良い提案が
できるのだと実感しています。

　また、協業の入り口についても、やはり少し異なります。協業の話を
したいと考えた時には、その窓口となる担当者の連絡先を知っていたわ
けではありませんでした。ただ、退社後アルムナイ・ネットワークにも
所属していましたし、多くのインテージ社員と連絡を取り合う中で良い
関係を持つことができていたので、**自然なかたちでつないでもらうこと
ができ、すぐに提案の機会を持つことができました。**

——インテージさんで培った仕事のスタイルと知見・人脈を活かして、
ビジネス機会を広げているんですね。

　はい、実はインテージの新入社員の飲み会にも呼んでもらったりして
います。今後も良い関係を続けていければと思います。**ネットワークを
通して、先日も他のアルムナイのプロフィール更新をきっかけに連絡を
とり、商談を実施させていただいた**ところです。今後も自分のビジネス
のキャッチアップとして日常的に使っていきたいです。個人的には、そ
こからビジネスがさらに生まれていけばいいなと考えています。

233

■インテージから見た若狭さん－アルムナイ・ネットワーク事務局である人事部Kさんから

　若狭さんは、非常に対人能力が高く、フットワークが軽く、行動力がある方という印象です。初めてお会いした際も、お酒のお席でしたが、社内ネットワーク、社外ネットワークを広げて、人脈が広い方です。どんなに忙しくても、人事からの依頼をいつもご快諾いただき、採用活動を中心にお世話になりました。後輩の方もたくさんご紹介いただき、感謝しております。

　若狭さんからは、弊社と協業が進むことがわかってからご連絡をいただいたのですが、とても嬉しかったことを覚えています。若狭さんなら新しいことを生み出したり、人と人、仕事と仕事をつなげることが得意でいらっしゃると思っていますので、驚くというよりは、やはりやってくださる方だなという納得の方が大きかったです。今はその新しく生み出されることが、どんなことなのかとても楽しみでワクワクしています。リリースを楽しみにお待ちしております。

　アルムナイとのお取引があることは、弊社としてもとても喜ばしいことです。アルムナイ・ネットワークを立ち上げた理由のひとつでもある「インテージの価値を広げ、現在の事業内容にとどまらず、発展していける」というメリットがあると思います。アルムナイの方は、インテージの中にいる時から、あるいは外に出てみて初めて、インテージのデータの価値や、スキルの価値を感じることがあるかと思います。こんなところで使えるのではないかと気づいていただけることも、我々が気づけない貴重なご意見だと思いますので、お取引までいかなくても、ご意見をいただけることは大歓迎です。今後も好事例をご紹介しながら、そういった機会が増えていくことを願っております。

▍筆者解説

学生時代に所属したNPO法人のアルムナイ・ネットワークを通して、

第6章 ● 事例：アルムナイから見た企業と個人の新しい関係

こうしたネットワーキングの可能性を理解していたからこそ、退社後も
すぐにインテージアルムナイ・ネットワークを積極的に活用された若狭
さん。人と人が集まる場所は必ず何かしらの価値を創出することができ
る、それが**「同じ会社にいた」という共通項のあるアルムナイであれば**
よりスムーズに話が進んでいく、というお話を目を輝かせてお話しいた
だきました。

　データからも、元同僚と積極的に連絡をとりたいと考えている人ほど、
退職した企業との協業の可能性も積極的に捉えていることがわかります
（次ページ**図6-4**）。

　また、元同僚との関係性をあまりポジティブに捉えることのできない
方ほど、退職した企業との協業の可能性についてネガティブであること
も印象的です。アルムナイ・ネットワークを通した価値創出にあたって
は、**企業を退職する時の体験価値向上**も今後ひとつの命題になってくる
ことでしょう。そのために企業は、オフボーディングのフローを今一度
見直し、社員が退職する際の上司や同僚の意識のあり方についても一石
を投じる必要があると私たちは考えています。それこそが、社員からア
ルムナイに変わる"退職"という経験の改革、すなわち"辞め方改革"
なのです。

235

図6-4 アルムナイの連絡の希望×協業希望の度合

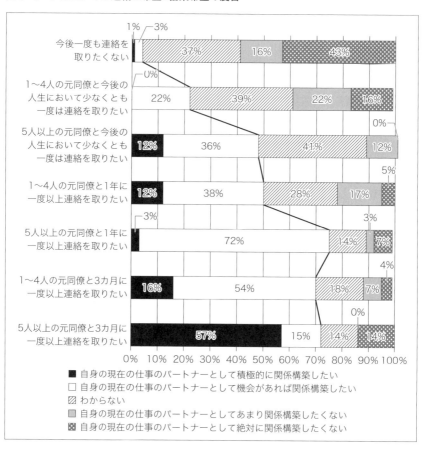

第 **7** 章

つながりの広がりとこれから

5・6章では実際の企業、そしてアルムナイの方々の事例を通じて、アルムナイ・リレーションシップの企業と個人にとっての意義やメリット、関係構築にあたっての工夫等を見てきました。

もともとは大学の卒業生を意味していたアルムナイという言葉が、ここまで広がりを見せています。企業内外でのアルムナイ・リレーションシップの活用の幅は広がり続け、さらには学校や企業以外でもアルムナイ・リレーションシップの構築と活用が広がり始めています。

その広がりの例として、ミドル・シニアの再躍進（リスキリング・キャリア自律）と、地域活性のためにアルムナイ・リレーションシップが活用されているケースを取り上げます。

・ アルムナイ・リレーションシップの広がり ・

ミドル・シニアの再躍進×アルムナイ

人材の高齢化が進む多くの日本企業が直面しているのが、ミドル・シニア人材のキャリア自律や再躍進に関する壁です。ミドル・シニア人材という言葉に明確な定義はありませんが、一般的に30代後半か40代から50歳くらいまでがミドル人材、50代から60代くらいがシニア人材と呼ばれており、まさに私、鈴木もミドル人材ど真ん中世代です。テクノロジーの進化が速く、プロダクトや事業ライフサイクルは短期化し、それに伴って求められるスキルも目まぐるしく変わる中、個人は常にスキルアップやリスキリングをして環境変化にキャッチアップすることが求められています。企業はミドル・シニア人材を支援することでやりがいを感じる仕事をしながら活躍し続けてもらう、もしくは再び躍進をしてもらい、自社の競争力強化につなげたいと考えています。

しかし実際、それに苦戦している企業も少なくありません。理由は2つ——ひとつは確固たる自信を持ってミドル・シニア人材のキャリアやリスキリングの方向性を示せないという企業側の理由。もうひとつは、

就職すれば定年退職まで安泰と考えていたのに、急にキャリア自律やリスキリングを求められることに対するとまどいや、何をすれば良いかわからない状態に陥っているミドル・シニア人材側の理由です。この課題を**アルムナイ・リレーションシップを活用して解決しようとする企業が現れ始めています。**

■ロールモデルとしてのアルムナイ

　まず、企業がキャリアやリスキリングの方向を示せず、個人の側もイメージしにくい理由のひとつに「わかりやすいロールモデルの不在」ということがあります。これまで新卒一括採用や年功序列という日本的雇用慣習、そして「右に倣え」や「出る杭は打たれる」空気があった多くの日本企業においては、近しい価値観やキャリア観を持つ新卒入社者が集まっており、その中で社内のロールモデルを見て教育を受けたりキャリアパスを考えたりしてきました。「異質」な人材は独立や転職をしてしまうことも多く、結果的に同質化が強まることも珍しくありませんでした。そのため、このような企業がミドル・シニア人材の再躍進の方向性を考える時に参考にしたいロールモデルの絶対数が不足しており、かろうじて社内で活躍している異能異才人材だけを参照するとしても、人数やパターンが限られてしまいます。また、大半の社員は自社の既存事業領域に携わっているため、その領域以外でのロールモデルが見つけにくいため、リスキリングの方向性としても幅が限られてしまいます。

　一方で、一度は同じ環境にいたものの、退職して他の道を歩んでいるアルムナイに目を向けてみると、多様な領域で活躍している同世代のロールモデルが存在します。そこで、いくつかの企業で、ミドル・シニア人材のキャリア自律や再躍進に向けたプログラムに、アルムナイが講師やメンターなどとして関わることで課題を解決しようという取り組みが始まっています（5章住友商事の事例も参照）。

■リスキリングの方向性を考えるお手本に

　企業や個人がリスキリングを考える上で最初に踏むべきステップは、今後、重要となる、学ぶべきスキルを決めることですが、まずここが難しい。企業なら、経営戦略を実現する上で必要となるイノベーションやDXをどうやって推進するか、そしてそのために今後社員に身につけてもらいたいスキルは何かを考え、明確にすることになりますが、これは一筋縄では行きません。そこで、自社のミドル・シニア人材と近しい年齢で、様々な領域で活躍している社員やアルムナイの仕事やキャリアを参考にします。自社で働いていたアルムナイは、自社人材のキャリアの拡張例としてイメージしやすいためです（図7-1）。事業領域や職種に加えて、どのような保有スキルを活かしていて、どのようなスキルを新たに身に付けているのか、そして会社員として就業しているのかフリーランスや経営者なのか、ひとつの名刺なのか複数の名刺を持って働いているのかなどでいくつかのグループに分けるなどして分析します。このように参考事例として様々なタイプのアルムナイの活躍を知ることにより、企業側もミドル・シニア人材側も、キャリアやリスキリングの方向性を考えやすくなります。

■身近に感じ「自分にもできるかも」と思える

　社員に、参考としてキャリアのパターンを示す際には、同世代の社員だけではパターンが少なくなりがちですし、経験が全く異なる外部人材のキャリアだけを見せても身近に感じてもらうのは難しいものです。多くのミドル・シニア人材がリスキリングやキャリア自律をなかなか自分事化することができない理由のひとつはここにあります。自分とは背景やスキルが全く違うキャリアの講師が来て話をしても、「この人が話すミドル・シニア人材と自分は違う」と思ってしまう人が一定数いるのです。そこで、講師としてアルムナイを巻き込み、同じ環境で仕事をしたことがあるアルムナイの考えを話してもらったり、キャリアを見せたり

図7-1　アルムナイがお手本になりやすい理由

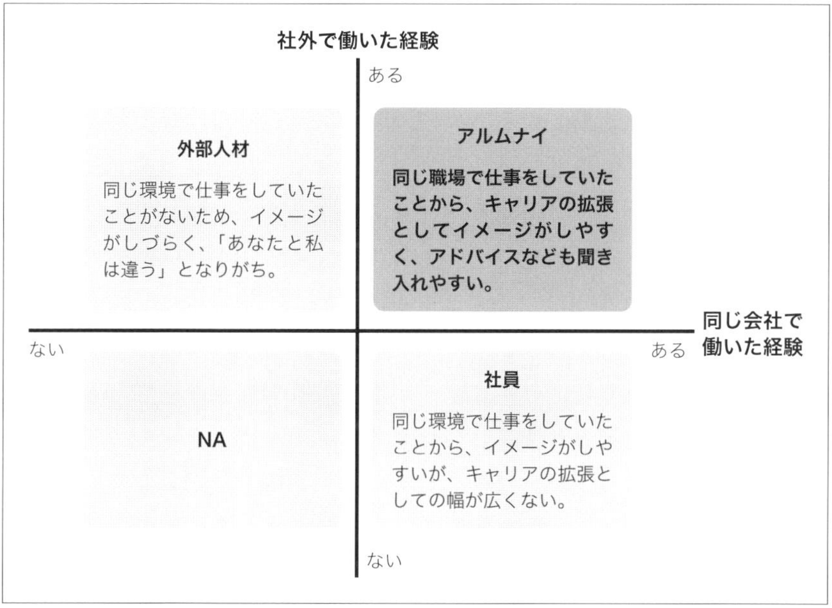

```
                         社外で働いた経験
                              ある

    ┌─────────────────┬─────────────────────┐
    │   外部人材        │      アルムナイ        │
    │                  │                      │
    │ 同じ環境で仕事をしていた │ 同じ職場で仕事をしていた │
    │ ことがないため、イメージ │ ことから、キャリアの拡張 │
    │ がしづらく、「あなたと私 │ としてイメージがしやす  │
    │ は違う」となりがち。    │ く、アドバイスなども聞き │
    │                  │ 入れやすい。           │
    │                  │                      │
ない ├─────────────────┼─────────────────────┤ ある  同じ会社で
    │                  │      社員            │              働いた経験
    │                  │ 同じ環境で仕事をしていた │
    │       NA         │ ことから、イメージがしや │
    │                  │ すいが、キャリアの拡張と │
    │                  │ しての幅が広くない。    │
    │                  │                      │
    └─────────────────┴─────────────────────┘
                              ない
```

することで、ミドル・シニア人材も身近に感じ、自分事化しやすくなります（**図7-1**）。

■学んだことを活かす場を提供してくれる

　自分事化できたら、実際に自分に必要なことを学び、身に付けたスキルを発揮していきたいのですが、その場がないことが多いというのが次の問題です。1つには、社内ではまだ活かす機会が限られているスキルを身に付けたために発揮する場が社内にないこと。例えば一時期、リスキリングの一環としてデータサイエンスに関する知識を身に付ける人が増えました。データサイエンティストに職種転換をしないにしても、そのスキルを仕事に活かしている人もいる一方で、企業内でデータドリブンなアプローチがなかなか進まないが故に、身に付けたスキルを全く使えない人もたくさんいました。

241

また、身に付けたスキルを発揮をする場が、ビジネスの現状とはかけ離れすぎているというケースもあります。事業開発やDX系のスキルなどを身に付けても社内ではまだ活かす機会が限られているために、社外で発揮する場を探そうとするものの、受け入れ先が限られてしまうのです。もちろん、このようなリスキリング人材とスタートアップ企業や地域行政、そしてNPO団体などをマッチングする企業や団体もあり、続々とサービスや仕組みをアップデートしているため、より実践的にスキルを発揮できる場は増えてきていますが、そのような素晴らしい実践の場は数に限りもあり、まだまだ不足しているのが実態です。

　この課題に対しては、アルムナイの現在の職場を実践の場として活用させてもらえる可能性が出てきています。実際に出身企業の教育プログラムの一環として、出身企業の人材を副業や出向で受け入れているアルムナイがおり、「働き方やスキルに関して理解がある人材が副業で来てくれることは助かる」と言っています。また、アルムナイの職場で副業したり出向しているある社員は、「自社の業務や環境を知っている人が全くいない職場よりも、それを理解してくれているアルムナイがいる職場で働くことには安心感がある」と述べています。リスキリングで学んだことを実践する場を得るためのアルムナイとの連携は、アルムナイと社員双方にメリットがあるのです。

　そして、そのようなリスキリングのジャーニーを経たミドル・シニア人材は、今のポジションのまま新しい業務に挑戦をしたり、社内で別の部署や職種に異動をしたり、社外で副業に挑戦したりなど、新しいチャレンジをすることになるのですが、当然山あり谷ありで壁にぶち当たることもあります。その時、先に社外に出て環境を変え、様々な壁にぶち当たってきたアルムナイにメンターになってもらうことで、リスキリングのジャーニーを進み続けるハードルを下げることができます。

　アルムナイはこれまで、企業側から見て同質的な組織を飛び出す異質

第7章 ● つながりの広がりとこれから

な存在に見えていたかもしれません。しかし、先行きが不透明で、常に変化が求められる現代の組織においては、社内を知った上で社外で活躍をするアルムナイこそが、企業にとっても社員にとっても、「見えない未来を見る力」になるのです。

　本節の最後にひとつ断っておきたいのは、アルムナイをキャリアやリスキリングのお手本とするこうした企業は、雇用調整、人材削減の一環として再就職支援をしたいわけでは決してありません。「人生100年時代」といわれ、今後5年10年という単位で就労期間が伸びていくことが予想されるからこそ、個人の可能性を最大限に引き出し、自律的にキャリア設計、人生設計をし、今まで以上にやりがいのある仕事や働き方をしてもらうために支援をしているのです。個人の希望を尊重しながら、今後、自社で必要になる役割や職種で貢献をしてもらうかたちを模索するために、社内だけでは画一的になりがちな領域や職種、キャリアパスや働き方に捉われず、同世代のアルムナイの活躍に目を向けています。

地域活性×アルムナイ

　アルムナイ・リレーションシップを通じて「地域活性」に寄与している事例もぜひ紹介しておきたいと思います。2024年6月にアルムナイ・ネットワークの構築を開始した株式会社滋賀銀行は、自社のアルムナイ・リレーションシップを自社とアルムナイのためだけに活用するのではなく、滋賀県を中心とした地域の活性化につなげることで、地域社会にとって、そしてアルムナイにとってもさらなる価値がある取り組みにすることを目指しています。

　「Sustainability Design Company」をありたい姿として掲げる滋賀銀行は、地域と共に地域社会の未来をデザインし、「Bank」の概念を超えて、地域になくてはならない「Company」になるといいます。滋賀銀行に限らず、地域金融機関に求められる役割が大きく変化する今、各地の地域金融機関は、金融機関の枠を越えて事業を刷新しようとしている

243

ことは皆さんお気付きでしょう。以前は、地域金融機関が地域企業や社会から求められるものは、融資などを通じて企業の資金需要を満たすことでした。しかし今求められているものはそれだけではなく、地域企業や社会にとって有益な情報や、先進的な技術やノウハウを持つ企業や人とのマッチングなど、金融資産から人的資本や社会関係資本へと変わっていっているのです。

　このようなニーズの変化に対応するために、多くの地域金融機関は既存ビジネスを変革し、新規ビジネスを創造するために外部パートナーとの連携を強化し、スタートアップへの投資や様々な域内外企業とのビジネスマッチングなども行い、地域にとってのプラットフォームとなるべく進化を続けています。そして、そのような地域金融機関の中には、自行の退職者とアルムナイ・リレーションシップを構築することで、域外で活躍するアルムナイと情報交換や協業をしたり、再入社をした社員が行外で培った経験を活かしたりして、地域企業の発展に貢献しているような事例も増えてきています。

　滋賀銀行はそのような取り組みに加えて、より直接的に地域企業に貢献する可能性がある取り組みとして、**滋賀県企業に同行のアルムナイが転職することを支援するとしています。**地域金融機関への就職志望者には、地元経済の発展に力を尽くし、住みよい社会づくりに貢献したいという意欲のある方が大勢います。そのような人材が、金融の知識を蓄えたうえに、域内外で転職をして経験を積んだ後に転職をしてきてくれれば、地域の企業にとってはとても頼れる存在になります。滋賀銀行の久保田頭取は、「地方銀行はその地域と一心同体です。地域経済が盛り上がれば、我々のビジネスも伸びていきます。だからこそ、地域へのコミットは第一の使命であり、滋賀県企業に滋賀銀行のアルムナイが転職することは再入社と同等の価値がある」と言います。また、自行だけに限らずに「滋賀県に人材を呼び戻す」ことは、経営理念でもある「地域社会との共存共栄」につながるものと捉え、重要な取り組みのひとつとし

244

て今年度（2024年度）から開始される予定です。

この取り組みの背景には、「滋賀銀行アルムナイは一緒に地域を良くするパートナー」という考えがあり、一緒に滋賀県の経済を盛り上げるためには、このアルムナイ・ネットワークを自行とアルムナイだけに閉ざさずに、地域へ貢献できる様々なかたちを模索していくとしています。自行に戻ってくるわけではないアルムナイを地域企業に紹介するだけでなく、都心に転職した若い世代が積極的に地元へ帰ってきたいと思える地域になるためのヒントをアルムナイから得る活動をするなど、まさに滋賀銀行アルムナイという社外・域外の人材と、滋賀銀行だけではなく滋賀県としての人的資本として見て、共創できるように、滋賀銀行自体がプラットフォームとなろうとしているのです。このような取り組みは地域側だけでなく、年齢やコロナ禍などによる働き方や価値観の変化、または家庭環境などを理由にUターンして地元で活躍の場を探すアルムナイにとっても非常に価値がある取り組みです。

今後はこのように経済の一角を担う企業が、自社アルムナイと地域をつないでいくかたちはもちろん、地域行政などが地域アルムナイの強化をしていく動きも広がっていくでしょう。様々な組織が人的資本や社会関係資本を拡張的に捉えることによって、大学や企業とは違ったかたちのアルムナイが日本の経済を元気にしてくれるはずです。

これからの 企業と個人の関係とは

人的資本と社会関係資本がより重要に

本書の最後に、今後の望ましい企業と個人の関係を予想し、私たちの希望を記します。

少子高齢化と人口減少が止まらない日本では、団塊ジュニア世代（1971年から1974年生まれ）が65歳を超える2040年頃には、65歳以上の

人口が全人口の約35％を占めると予測されています（厚労省・国立社会保障・人口問題研究所）[1]。総人口は約１億1,000万人まで減少、そして生産年齢人口は2024年時点より1,000万人以上減少すると見られるため、年金や社会保障制度の持続性は疑問視され、医療や介護が崩壊する恐れもあることから、2040年問題といわれています。これだけ総人口や生産年齢人口が減少すれば、働き手が不足することによる経済的な問題を見過ごせなくなるのは明白です。

　生成AI元年といわれた2023年から2024年にかけて急速に普及したOpenAIのChatGPTやGoogleのGeminiなどの生成AIにより、将来的な働き方が大きく変わることを認識した人は少なくないでしょう。ChatGPTを使えばソースコードを生成してくれて、動画ではSoraやRunwayなどを使えば映画のような映像が数分で生成できます。GPT-4oでリアルタイムの会話や翻訳を体験すると、通訳やコールセンターなどの仕事はなくなるのではないかとさえ思います。今まで多くの時間がかかっていた作業がAIで効率化されることによって生産性が大きく向上し、人材不足問題は部分的に改善されます。しかし、全ての人材不足が解消されるわけではないので、どの企業にとっても人材獲得が引き続き課題であることに変わりはありません。

　人材不足のひとつの解決策として「副業」が考えられます。既に副業している人、また副業したい人も少なくありません。総務省の調査によると、2017年から2022年の５年間で、副業をしている人は約245万人から約305万人、副業を希望している人は約400万人から約493万人といずれも25％近く増加していて[2]、この増加傾向は今後も続くと見られています。この人数は、2023年の転職者数である328万人[3]を上回ります（共に総務省）。副業・兼業ワーカーが１社で働く時間は月に数時間という場合もありますし、全ての職種で副業や兼業を活用できるわけではありませんが、副業ワーカーなどの外部人材の活用をさらに増やすのは得策のひとつでしょう。

第7章 ● つながりの広がりとこれから

　企業と副業ワーカーがどのようにマッチングしているかを見てみると、副業マッチングサービスなどの活用以外に主要なチャネルとなっているのが「友人・家族との相談・紹介」です（パーソル総研）[4]。企業が人的資本を強化するためには、社内人材の価値を最大限引き出すことに加えて、社内外の人的ネットワークや信頼関係などの社会関係資本を活用する必要があります。個人側の働き方の視点で見ても、仕事の紹介はもちろん、出身企業や取引先からのリファレンスなどが一般的になり、これまで以上に社会関係資本の重要性が高まるでしょう。

　年に労働市場全体の約５％が転職するこの時代、企業がアルムナイと、そしてアルムナイが企業や他のアルムナイとつながり、社会関係資本をこれまで以上に活かしていくべきというのは火を見るより明らかです。そうしてお互いが「別れを資産に変える」ことができている時、それぞれが持つ人的資本や社会関係資本が最大化されます。

新しい定着の定義

　2008年から2017年頃、私が前職で採用や人事のコンサルティングやアウトソーシングのサービス提供に携わっていた時、クライアント企業からよく言われたのが「定着する人を採用したい」という言葉でした。小さいながらも企業を経営する身として、その気持ちはとてもよくわかります。私たちはアルムナイ・リレーションシップ構築の支援をしているため、「退職者が増えた方が嬉しいんでしょ？」と言われることがありますが、もちろんそんなことはありません。他章でも触れましたが、そもそもお互いにとって不要、またはもったいない退職はなくなったほうがいいと考えていますし、採用した人に自社に定着してほしいと思うのは当然の願いです。

　そうはいっても、「大転職時代」という言葉が使われる現代、転職しようという個人の意志を止める術はありません。そこで重要になるのが、「定着」という言葉を再定義することです。

247

フリーランスや副業や起業が今ほど一般的ではなかった時代には、人の定着とは次のような定義がしっくりきたのではないでしょうか。

「雇用契約のもと、可処分労働時間の100％を自社に使ってくれること」

　「可処分労働時間」とは筆者鈴木の造語で、労働に費やしていいと個人が考える時間のことです。フリーランスや副業が増えたことで、複数社と仕事をすることが一般的になってくると、この「可処分労働時間」の取り合い、分配が起き、定着という言葉の定義自体を見直す必要が出てきています。

　例えば、フリーランスの広報コンサルタントとして独立するためにそれまで勤めた会社を退職する広報担当者が、退職と同時に担う業務が100％から0％になる代わりに、退職した翌日から業務委託契約で20％ほど広報業務を継続してくれるとしたら、この人は「定着している」といえないでしょうか。これでは定着とはいえないということであれば、それはコミットメントが100％から20％に減ったからでしょうか。それとも雇用契約が業務委託契約に変わったからでしょうか。

　このような、業務委託契約や副業などを通じた外部人材の活用は徐々に進んできています。退職でコミットメントを0％にするのではなく、このような**雇用契約以外の関係やコミットメントのグラデーショナルな変化を受け入れ、新しい定着のかたちと捉えることで、多くの日本企業は今よりも最適な人材を確保できるようになり、それがひいては企業競争力の向上につながります。**さらに広義で考えれば、業務委託契約を常に継続しておく必要さえもありません。企業側もアルムナイ側も、状況やニーズが常に変化し続ける中、お互いの需要と供給がマッチするように関係を継続し、その時に必要に応じて業務委託などの契約や雇用契約などを締結すれば良いでしょう。今までの定着の定義とは異なりますが、このような“広義な意味での定着”が今後の日本企業にとって重要な考えになるはずです。日本では雇用関係にこだわる傾向がありますが、このように定着を広く捉えることで、従来なら切れてしまっていた関係を継

続し、活かすことができるのです。

心理的契約のアップデート

私たちがアルムナイ領域で事業を始めた2017年頃は、まだ「退職者＝裏切り者」という捉えられ方が多くの企業でなされていたと感じていました。しかしそこから現在までの約7年の間で、退職や退職者に対する見方は以前ほどネガティブなものではなくなってきているように思います。一方で、退職時に契約形態を変えて、業務委託などで仕事の一部を継続したりする事例は、特に大企業ではまだ一般的とはいえません。その背景には、企業と個人の間にある心理的契約が十分にアップデートされていない、ということがあるのだろうと考えます。

ここで私が言う「心理的契約」とは、2章でも触れた雇用関係の開始によって企業と個人の間に成立する相互期待です。終身雇用または長期雇用が前提だった時代においては、多くの企業や個人に、退職した後も契約形態を変えて仕事を継続してもらうという発想はあまりなかったため、それが相互期待の一部となることもなかったでしょう。この心理的契約をアップデートするためには、小さなケースで良いので先例をつくり、候補者や従業員に対して伝えることです。契約形態だけに縛られずに「定着」しているアルムナイの事例を知ることで、退職前から「〇〇さんのように、あなたも退職後も業務委託で今の仕事を継続してくれませんか？」といった相談がしやすくなります。

そして、これからの企業と個人との心理的契約は、コミットメントが「100％の定着」か「0％になる退職」か、などと白黒をはっきりさせるものではなく、先述の「20％の定着」のようなグラデーショナルなものになるでしょう。

「辞め方改革」という言葉が必要なくなる日

私や私の会社の社員は、先に触れてきた「辞め方改革」と書かれたT

シャツを着て仕事をしています。すると「退職代行ですか？」とお会いした方に聞かれることがあるので、その都度「『退職代行』は縁を切る辞め方なのに対して、私たちが提唱している『辞め方改革』は縁をつなぐ辞め方です」と説明をすると「それは大切ですね」と言われるようになりました。将来的に、「20％の定着」や「一度0％になってから50％に戻る」というようなグラデーショナルな関係が珍しくなくなった頃には、退職してもつながり続けたい人はつながっているようになり、「辞め方改革」という言葉の必要性すらなくなっているでしょう。そうなった時に、ようやくアルムナイ・リレーションシップが日本に根付いたといえますし、それが私たちのたっての願いなのです。

注

1 厚生労働省『我が国の人口について』、厚生労働省「人口動態統計」、国立社会保障・人口問題研究所「日本の将来推計人口」（令和5年推計）
https://www.mhlw.go.jp/stf/newpage_21481.html

2 総務省　令和4年就業構造基本調査　結果の要約「4 副業がある者及び追加就業希望者」令和5年7月
https://www.stat.go.jp/data/shugyou/2022/pdf/kyouyaku.pdf#page=3

3 総務省　労働力調査（詳細集計）2023年（令和5年）平均結果の要約「4．転職者数は328万人と、前年に比べ25万人の増加（2年連続の増加）」
https://www.stat.go.jp/data/roudou/sokuhou/nen/dt/pdf/youyaku.pdf#page=2

4 パーソル総合研究所「第三回副業の実態・意識に関する定量調査」2023年7月
https://rc.persol-group.co.jp/thinktank/assets/sidejob3.pdf#page=58

おわりに

　本書は、筆者である株式会社ハッカズーク代表取締役CEO鈴木仁志、同じくハッカズークのアルムナイ・リレーションシップ・パートナー・ユニットリーダー濱田麻里の2名と、編集者である株式会社日本能率協会マネジメントセンターの宮川敬子氏の計3名でつくり上げました。日々アルムナイのことばかりを考えている筆者2名にとって、アルムナイについて本書で詳しくお知りになる読者の方に伝わりやすく執筆することは、想像以上に難しいものでした。時には読者視点で質問を投げかけ、時には編集者視点で根気強く筆者2名に向き合い続けてくださった宮川氏のおかげで本書は出版まで辿り着きました。心より感謝を申し上げます。

　事例紹介やインタビュー記事への協力をご快諾いただいた皆さまはもちろん、「Official-Alumni.com（オフィシャル・アルムナイ・ドットコム）」をご利用いただいているユーザーの皆さま、一緒にネットワークやコミュニティを構築いただいている事務局とアルムナイサポーターの皆さま、今までに取材していただいたり発信の機会をいただいたメディアの皆さま、そしてハッカズークとお付き合いをいただいている皆さまには、どんなに言葉を重ねても感謝しきれません。皆さまの日頃のご支援をなくしては本書の出版を実現することは不可能でした。心より感謝を申し上げると共に、アルムナイ・リレーションシップが日本に根付くまでのこれから先の長い道のりを、これからも変わらずご一緒いただけますようお願いを申し上げます。

　そして、日本の人事の歴史を変えるような大きな挑戦を共にしてきているハッカズークの社員、業務委託メンバー、株主、アルムナイ、そしてアルムナイ研究所の皆さまのお力なしでは本書が世に出ることはあり

ませんでした。本当にありがとうございます。これからも長く険しい道
のりが待ち構えているでしょうが、皆さんとなら乗り越えていけると信
じています。これからもよろしくお願いします。

　最後に筆者の鈴木の個人的な願いを綴らせてください。鈴木には11歳
になる息子がいます。彼が社会に出て仕事を始めるであろう10年後くら
いには、「親父たちの頃は『退職者＝裏切り者』なんて言われている時
代だったのか。意味がわからないね」と言われるくらい、アルムナイ・
リレーションシップが当たり前のものになることを祈っています。そし
て、本書がその一助となることを願ってやみません。

2024年8月

筆者一同

著者紹介

鈴木仁志

株式会社ハッカズーク 代表取締役CEO

カナダのマニトバ州立大学経営学部を卒業後、アルパインを経て、T&Gグループで法人向け営業部長・グアム現地法人のゼネラルマネージャーを歴任。帰国後は人事・採用コンサルティング・アウトソーシング大手のレジェンダに入社。採用プロジェクト責任者を歴任した後、海外事業立ち上げ責任者としてシンガポール法人設立、中国オフショア拠点設立、フィリピン開発拠点開拓等に従事。2017年ハッカズークを設立、アルムナイとの関係構築を支援するプラットフォーム『Official-Alumni.com』（HR Tech GP2018 グランプリ獲得、HRアワード2022 人材採用・雇用部門最優秀賞受賞）やアルムナイ特化型メディア『アルムナビ』を運営。アルムナイ事例について研究する『アルムナイ研究所』研究員も兼任。

濱田麻里

株式会社ハッカズーク
アルムナイ・リレーションシップ・パートナー ユニットリーダー

大学を卒業後、外資系コンサルティングファームのベリングポイント（現PwCコンサルティング）に入社。組織人事戦略チームでクライアントのパフォーマンスマネジメント導入や組織改革におけるチェンジマネジメント等に携わる。出産によるキャリアブレイクを挟み、その後ベンチャー企業でEC事業のオペレーションマネジメントや広報業務等に従事。ハッカズークに入社後は、「企業と個人双方の"退職による損失"がない社会」を実現するために、人的資本経営の観点から企業とアルムナイの新しい関係構築をサポートしている。クライアント支援の他に、専門誌への寄稿や自社監修書籍のディレクション等も行う。

アルムナイ
雇用を超えたつながりが生み出す新たな価値

2024年10月10日　初版第1刷発行

著　　　者——株式会社ハッカズーク　鈴木仁志、濱田麻里

　　　　　　©2024 Hackazouk Inc.

発 行 者——張 士洛

発 行 所——日本能率協会マネジメントセンター

　　　　　　〒103-6009 東京都中央区日本橋2-7-1　東京日本橋タワー
　　　　　　TEL03（6362）4339（編集）／03（6362）4558（販売）
　　　　　　FAX03（3272）8127（編集・販売）
　　　　　　https://www.jmam.co.jp/

装丁————————山之口正和＋中島弥生子（OKIKATA）
本文デザイン・DTP——株式会社明昌堂
印刷所————————広研印刷株式会社
製本所————————株式会社三森製本所

本書の内容の一部または全部を無断で複写複製（コピー）することは、法律で認められた場合を除き、著作者および出版者の権利の侵害となりますので、あらかじめ小社あて許諾を求めてください。

ISBN 978-4-8005-9266-8　C2034
落丁・乱丁はおとりかえします。
PRINTED IN JAPAN

JMAMの本

顧客体験と従業員体験の好循環をつくる
エクスペリエンス・マインドセット

ティファニー・ボバ 著
高橋　佳奈子 訳

A5判　312ページ

顧客獲得戦争において、企業は顧客体験（CX）を向上させるために莫大な資金を投入します。配達を迅速化し、新製品を大量に生産し、アプリのインターフェースを際限なく刷新するために、従業員に負担をかけることが多いものです。しかし、従業員への影響を考慮せずに顧客体験のみを重視する取り組みは、実際には長期的な成長を妨げます。従業員体験（EX）こそがビジネスの中核であり、今日の市場で競争力を維持したいのであれば、人材への投資が重要です。

世界で最も影響力のある経営思想家「Thinkers50」に2回選出されたティファニー・ボバは、顧客体験と従業員体験、双方の「エクスペリエンス」を同時に向上させ、前例のない収益成長を実現するためのガイドを提供します。その鍵は「従業員」「プロセス」「テクノロジー」「企業文化」にあります。

日本能率協会マネジメントセンター